Abdoul Aziz Sow

Droit Et Pratiques Des Conventions Locales Au Senegal

Abdoul Aziz Sow

Droit Et Pratiques Des Conventions Locales Au Senegal

Décentralisation, gestion des collectivités locales, des ressources naturelles et environnementales

Presses Académiques Francophones

Impressum / Mentions légales
Bibliografische Information der Deutschen Nationalbibliothek: Die Deutsche Nationalbibliothek verzeichnet diese Publikation in der Deutschen Nationalbibliografie; detaillierte bibliografische Daten sind im Internet über http://dnb.d-nb.de abrufbar.

Information bibliographique publiée par la Deutsche Nationalbibliothek: La Deutsche Nationalbibliothek inscrit cette publication à la Deutsche Nationalbibliografie; des données bibliographiques détaillées sont disponibles sur internet à l'adresse http://dnb.d-nb.de.

Coverbild / Photo de couverture: www.ingimage.com

Verlag / Editeur:
Presses Académiques Francophones
ist ein Imprint der / est une marque déposée de
AV Akademikerverlag GmbH & Co. KG
Heinrich-Böcking-Str. 6-8, 66121 Saarbrücken, Deutschland / Allemagne
Email: info@presses-academiques.com

Herstellung: siehe letzte Seite /
Impression: voir la dernière page
ISBN: 978-3-8381-7652-9

DROIT ET PRATIQUES DES CONVENTIONS LOCALES DE GESTION DES COLLECTIVITES LOCALES ET DES RESSOURCES NATURELLES AU SENEGAL

Abdoul Aziz Sow
Docteur d'Etat en Droit Public
Expert Consultant
azizdabakhsow@yahoo.fr

Paris, Novembre 2012

Sommaire

« *Le juriste désireux de s'engager dans une réflexion approfondie des modes de régulation juridiques... au sein des sociétés africaines, entre dans une dynamique de recherche qui va lui faire quitter son bureau. Dans un premier temps, et tout naturellement, c'est le droit posé par l'Etat qui constitue pour lui une source de préoccupation. Il s'intéresse d'une façon simultanée à la doctrine et aux décisions de justice (tribunaux et cours), en évalue l'importance, la pertinence. Il s'applique en outre à dégager les contours du droit prétorien reflétant l'importance de l'intervention du juge dans la création du droit. S'il aborde la science administrative, il s'interroge rapidement sur l'investissement de l'administration dans l'application des textes qui ont été adoptés par le législateur national et sur son degré d'application « sur le terrain ». A ce stade un malaise risque fort de l'envahir : notre juriste curieux commence à pressentir une distance réelle entre ce droit qualifié de positif, que "nul n'est censé ignorer", ce qui justement fait ressortir un certain niveau de fiction et l'univers vivant de la réalité juridique. La frustration ne fait qu'empirer lorsque, pour dégager les limites de ce droit, formalisé et imposé par l'Etat, il se trouve confronté à l'effort de s'imprégner de la vie sociale. Le franchissement de ce « rubicond » du champ juridique exprime la volonté d'aller aux confins du droit, en s'adonnant à l'étude des processus de juridicisation propres à chaque société.* »

OLIVIER BARRIERE

Vers la redéfinition d'un nouveau droit de l'environnement 2001.

Introduction Générale :

S'interroger sur la gestion des collectivités locales et incidemment sur leurs ressources naturelles et environnementales dans le contexte africain en général et Sénégalais en particulier requiert de la part du chercheur d'une part un miroir orienté vers l'histoire et d'autre part sur l'évolution actuelle de la gestion de ces collectivités locales. Pour ce faire nous allons prendre comme point de départ le long processus de décentralisation opéré au Sénégal. Cette politique de décentralisation du Sénégal est vieille de plus de trente ans. Depuis 1964 en effet, la réforme foncière et la responsabilisation des populations locales (gestion et aménagement des terres) assuraient, dans les principes, la réalisation de l'autonomie et de la participation. L'adoption en 1966 de la loi portant Code de l'administration communale permettra l'approfondissement de la décentralisation à travers les communes.

Depuis 1972, le Sénégal a fait des progrès remarquables dans la conception et la mise en place de politiques et d'institutions décentralisées (les communautés rurales notamment). Dans l'esprit de rapprocher les décideurs politiques des populations, la décentralisation des services publics devrait augmenter l'efficacité de la fourniture de certaines prestations. On peut remarquer que c'est surtout à partir de 1972, lors de la deuxième phase, avec la réforme de l'administration territoriale, que la décentralisation connaîtra véritablement des avancées significatives.

Enfin, le nouveau régime des collectivités locales est fixé par la loi 96-06 complétée par la loi 96-07 du 22 mars 1996[1] portant transfert de compétences aux régions, communes et communautés rurales). Il importe de noter que la réussite de la politique de décentralisation dépend de plusieurs facteurs dont notamment la capacité des institutions locales à assumer leur rôle avec la mise à leur disposition de ressources financières et humaines. Comme le stipule l'article 7 du code des collectivités locales, celles-ci[1] « *disposent de budget et de ressources propres* » destinées à la satisfaction de la demande sociale locale. La décentralisation fait des populations locales le principal centre de prise des décisions relatives à la gestion des ressources naturelles en donnant des perspectives réelles de développement de l'entreprenariat rural privé. La prise en compte des valeurs locales et de leur savoir-faire s'avère inévitable dans la conception, l'élaboration et la vulgarisation des technologies de gestion des ressources naturelles. La deuxième phase de la décentralisation s'est accompagnée d'un transfert de pouvoir de l'Etat aux collectivités locales notamment en matière de gestion des terres des communautés rurales. Le transfert du pouvoir s'est fait de manière progressive. Dans un premier temps, le représentant de l'Etat avait le droit de se prononcer sur l'opportunité des délibérations du Conseil local, ce qui lui conférait d'énormes pouvoirs et beaucoup d'influence. Cette disposition a évolué et désormais il n'exerce plus qu'un contrôle de conformité des actes pris par le conseil local, conformément aux dispositions législatives et réglementaires. Les plans locaux de développement, d'aménagement et de gestion des ressources naturelles, élaborés par les collectivités locales, doivent

---

[1] *Loi 96-06 complétée par la loi 96-07 du 22 mars 1996 portant transfert de compétences aux régions, communes et communautés rurales dénommée Code des Collectivités Locales*

être approuvés par le représentant de l'Etat.

Le Sénégal compte actuellement trois types de collectivités locales décentralisées sans hiérarchie entre elles (le principe d'égale dignité oblige) à savoir les communautés rurales, les communes et les régions. La loi sur le transfert des compétences en matière de gestion de l'environnement et des ressources naturelles consacre une gestion rapprochée des ressources naturelles par les communautés de base pour en assurer la durabilité. Le transfert repose sur le principe de la complémentarité entre l'Etat et les collectivités locales. La loi 96-07 du 22 mars 1996 et le décret 96-1134 du 27 décembre 1996 précisent les compétences transférées aux régions, aux communes et aux communautés rurales.

Au plan local, il a été mis en place des cadres institutionnels qui sont soit des services déconcentrés de l'Etat, soit des cadres de concertation au sein de l'administration locale d'une part et d'autre part entre services de l'Etat, les partenaires au développement et les administrés (OCB, populations etc.). Les activités menées par les cadres de concertation sont fonction de leur nature mais tournent essentiellement autour des réunions d'information, d'échanges et de visites de terrain. Dans le cadre de l'approfondissement du processus de décentralisation, un nombre significatif de compétences en matière de gestion des ressources naturelles et de protection de l'environnement ont été transférées aux collectivités locales.

La gestion durable des ressources naturelles, en raison de son importance stratégique dans la planification du développement économique et social, se situe au centre des principales préoccupations des pouvoirs publics. Elle est basée sur certains principes directeurs tels que la participation, la responsabilisation, le partenariat et la bonne gouvernance.

Condition préalable à l'élaboration des politiques et programmes, la participation des acteurs impliqués dans la mise en oeuvre du développement durable est sollicitée par les institutions publiques pour plusieurs raisons : elle permet de valoriser les compétences locales, de garantir la prise en compte des préoccupations des populations dans la définition des lignes d'actions et de procéder à une délimitation concertée des rôles et responsabilités de chaque catégorie d'acteurs, dans la mise en oeuvre des programmes de développement. L'évaluation de la décentralisation dans le domaine de la gestion des compétences générales et transférées a montré que les collectivités locales ont des limites certaines pour assumer, de manière satisfaisante, leurs rôles. Ces limites s'articulent autour des points suivants : insuffisance de l'expertise au sein des CL malgré les arrangements permis par les conventions-type pour mettre à leur disposition une assistance technique disponible au niveau des services déconcentrés ; insuffisance des moyens financiers et logistiques pour faire face à leurs responsabilités dans les domaines transférés. De plus les CL ne sont pas souvent sensibilisées sur les nombreuses opportunités quant à la GRN, notamment l'exploitation forestière et les ristournes sur les recettes contentieuses autour de la forêt ; etc.

Ces faiblesses d'ordre institutionnel et organisationnel empêchent les CL d'exercer effectivement le pouvoir transféré pour une meilleure planification des ressources naturelles dans le cadre des planifications locales (PRDI, SRAT, PIC et PLD). Des conflits peuvent découler de ces faiblesses énoncées ci-dessus. Le manque de précision dans les limites des communautés rurales, la perception de l'espace communautaire par le conseil rural et sa gestion essentiellement limitée aux attributions de terres, souvent déterminées par la prédominance d'une activité donnée, entraînent des déséquilibres dans les affectations au profit de catégories professionnelles dominantes (agriculteurs notamment), créant ainsi un rétrécissement des zones réservées au parcours de bétail au point de désorganiser le système pastoral.

Face à ces difficultés textuelles ; les conventions locales viennent constituer selon le Docteur Diallo[2] des **outils non encore exploités** de la gestion des ressources naturelles et environnementales dans le cadre des compétences transférées et subséquemment des collectivités locales. Ceci se traduit par des conventions désignées sous des vocables différents : accords locaux, contrats locaux, conventions locales, charte etc.

Pour rendre compte de toute la complexité de ces conventions locales, nous allons les cerner sous deux angles : d'abord par rapport à la décentralisation (d'un point de vue juridique), ensuite par rapport à la pratique, c'est-à-dire dans le sens que les acteurs locaux en donnent et qui ne recouvre pas toujours la même réalité pour ne pas dire les **conventions locales de la décentralisation** d'une part et d'autre part **les conventions locales dans la décentralisation**[3]. A l'image du leitmotiv juridique classique connu en droit constitutionnel à savoir la souveraineté de l'Etat et la souveraineté dans l'Etat.

D'un point de vue juridique, la convention locale désigne un accord écrit passé officiellement entre deux ou plusieurs parties qui s'engagent à respecter diverses obligations. Le terme local indique qu'une institution locale est partie au contrat. Cette institution peut être une collectivité territoriale, un établissement public ou une association. C'est pour cette raison que le code des collectivités locales a prévu la coopération dans tous les domaines à travers les conventions locales. En effet, la demande sociale, le coût des interventions, la complexité des procédures, les difficultés de coordination des actions, interdisent de plus en plus à une collectivité locale d'agir seule. L'article 14 du CCL dispose à cet effet, que les collectivités locales peuvent entreprendre des actions de coopération entre elles.

Au plan institutionnel des conventions locales sont prévues dans la perspective d'une collaboration entre l'Etat et les collectivités locales (article 15 du CCL) qui précise que les collectivités locales peuvent entreprendre avec l'Etat la réalisation d'un programme d'intérêt commun. Cette disposition ne procède qu'au rappel d'une évidence dans le sens où, cette collaboration fait partie intégrante de la philosophie même du processus de décentralisation. En conséquence ; la région, la commune et la communauté rurale peuvent passer des conventions avec l'Etat pour mener des actions de développement dans le respect de leurs attributions. Entre les collectivités locales, l'opportunité leur est offerte de créer une entente qui peut être soit interrégionale, intercommunale ou intercommunautaire (article 71 et 239 du CCL). Dans cette perspective, plusieurs communautés rurales peuvent décider de

---

[2] Diallo Ibrahima « *Les aspects juridiques de la convention locale dans le cadre de la décentralisation au Sénégal* », (une communication à l'atelier national de Kaolack sur les conventions locales du 17 au 18 juin 2003)

constituer entre elles ou avec une ou plusieurs communes, un groupement d'intérêt communautaire ayant pour objet la gestion ou l'exploitation des ressources naturelles intéressant plusieurs collectivités locales (article 239 CCL). Ce groupement est créé par décret sur les voeux des conseils municipaux et ruraux après avis du conseil régional. Des groupements mixtes peuvent être constituées par accord entre des régions et l'Etat, ou des établissements publics ou avec des communes ou communautés rurales en vue d'oeuvre ou service présentant une utilité pour chacune des parties (article 74 CCL). Et enfin des conventions locales sont prévues entre les collectivités et des associations ou organismes de développement (article 3 du CCL). Ceci se justifie à travers la préoccupation d'une démocratie locale seule voie pour vaincre le sous développement par une participation des acteurs à la base dans la gestion de leurs ressources et de la sauvegarde de leur environnement.

Au regard des textes sur la décentralisation, trois critères peuvent donc être dégagés pour l'identification d'une convention locale : il s'agit d'un **critère organique**(collectivité locale), d'un **critère matériel** (compétence générale ou transférée par le code des collectivités locales) et enfin un **critère formel** selon la procédure suivie lors de son élaboration.

Dans un autre registre, le régime juridique des conventions locales notamment de gestion des ressources naturelles est régi aussi bien par des conventions internationales que des textes nationaux. Au plan international, l'article 12 du décret 96-1134 du 27 décembre 1996 portant application de la loi de transfert des compétences aux régions aux communes et aux communautés rurales en matière d'environnement et de gestion des ressources naturelles énonce que l'exercice de ces compétences transférées s'exerçait dans le respect des conventions et accords internationaux ratifiés par l'Etat Sénégalais. A partir de ces éléments, nous pouvons rappeler quelques conventions internationales qui fondent les conventions locales notamment en matière de gestion des ressources naturelles et de l'environnement. Nous retiendrons parmi tant d'autres l'Agenda 21 de la Conférence des Nations Unies sur l'environnement et le développement (Rio, 1992) ; la déclaration de Rio sur l'environnement et le développement (juin 1992) ; la Convention sur la diversité biologique, Rio de Janeiro, 3-14 juin 1992 ; la stratégie mondiale de la biodiversité (WRI/UICN/PNUE, 1994) ; la Résolution 28 C/2.4 de la Conférence générale de l'UNESCO (novembre 1995) approuvant la stratégie de Séville et adoptant un cadre statutaire du Réseau mondial de réserves de biosphère MAB ; tous ratifiées par le Sénégal et ayant ainsi une force supérieure à la loi. Cette obligation est rappelée l'art.12 du décret n°96-1134 du 27 décembre 1996. Relevons dans ces conventions certaines déclarations, principes et engagements posés par la communauté internationale et qui ouvrent une brèche à la légalité des conventions locales. Je cite : « Que *l'expansion des besoins...; Que pour pouvoir satisfaire ces besoins... progresser vers une exploitation plus efficace et plus rationnelle de la terre et de ses ressources naturelles... Que l'objectif général est de faciliter l'affectation des terres à des utilisations offrant les plus grands avantages durables et le passage à une gestion intégrée et durable des terres ; ... Qu'il faudrait également tenir compte, entre autres, des zones protégées,... des droits des populations et collectivités autochtones et autres collectivités locales[4] »*

En outre, le Principe 22 de la Déclaration de Rio sur l'environnement et le développement de juin 1992 estime que : « *Que les populations et communautés autochtones et les autres collectivités locales ont un rôle à jouer dans la gestion de l'environnement et le développement du fait de leurs connaissances du milieu et de leurs pratiques traditionnelles ; que les Etats devraient reconnaître leur identité, leur culture et leurs intérêts, leur accorder tout l'appui nécessaire et leur permettre de participer efficacement à la réalisation d'un développement durable.* » Enfin, la Stratégie de Séville et Cadre statutaire du réseau mondial des réserves de biosphère MAB de 1995 dispose « *Que les réserves de biosphère sont établies pour promouvoir une relation équilibrée entre les êtres humains et la biosphère et doivent permettre d'associer pleinement les communautés locales à la conservation et à l'utilisation durable des ressources.* » Ces quelques conventions ratifiées par notre pays ouvrent la possibilité pour les populations locales de participer à la GRNE à travers les conventions locales.

Au plan communautaire nous pouvons rappeler la convention africaine sur la Conservation de la Nature et des Ressources Naturelles, ratifiée par le Sénégal le 6 mars 1972 et constituant de ce fait le premier texte panafricain visant la mise en place de mesures adéquates pour assurer la conservation, l'utilisation et le développement des sols, eaux, flore et ressources en faune. Les conventions locales constituent des instruments d'application de cette convention internationale au plan local dans la mesure où, elles prennent en considération les besoins spécifiques des populations selon une approche conciliant les logiques juridiques locales et nationales en matière de gestion des ressources naturelles. Dans cette même mouvance, soucieux de définir un statut clair pour le foncier et de la gestion des ressources naturelles, la Déclaration de Praia souhaite une implication des populations locales et préconise des modes d'application qui prennent compte des réalités sociétales et culturelles. C'est ainsi qu'elle précise l'indispensabilité de définir des cadres contractuels clairs et durables pour améliorer les conditions d'accès et de gestion des ressources naturelles.

Au Sénégal, les conventions locales constituent des instruments juridiques et économiques qui trouvent leur fondement dans le principe de libre administration des collectivités posé par l'article 102 de la constitution de janvier 2001. Le cadre législatif et réglementaire de la gestion des ressources naturelles et de l'environnement accorde une grande importance aux conventions locales comme outil et cadre qui permettent de réaliser une cohérence et adhésion des populations locales. Au terme des dispositions du CCL ; pour accomplir leurs missions, les collectivités locales peuvent s'associer en partenariat avec les mouvements associatifs pour la réaliser des projets de développement local. De même, l'article 14 dispose que les collectivités locales peuvent créer des groupements de promotion et de coordination des actions de développement. Il résulte de ces dispositions que les conventions locales constituent des instruments privilégiés de gestion des affaires locales dans la perspective d'un développement durable. L'article 4 du code de l'environnement[3] dispose que tout projet de développement mis en place dans le pays doit tenir compte de la coopération entre l'Etat, les collectivités locales, les associations, et les citoyens. Le législateur reconnaît ainsi aux conventions locales une importance capitale en imposant comme condition d'implantation de tout projet la prise en compte des conventions locales. Les conventions locales sont principalement prévues par le législateur dans les compétences transférées. Parmi celles-ci, nous pouvons citer en matière de gestion des ressources naturelles : Les plans d'aménagement des forêts, Plan d'action pour l'environnement, Plans locaux de développement, le plan général d'occupation des sols, les projets d'aménagement de lotissement, d'équipement des périmètres affectés à l'habitation L'aménagement de l'exploitation de

---

[3] *Loi 2001-01 du 15 janvier 2001 portant code de l'environnement.*

tous les produits végétaux de cueillette et des coupes de bois.

Ces conventions locales doivent au risque d'être illégales faire l'objet d'une délibération devant le conseil délibérant compétent (conseil régional, municipal et rural) en plus d'une approbation du représentant de l'Etat (Gouverneur, Préfet, sous-préfet) dans le cadre des compétences transférées ou générales des collectivités locales. Au regard de ce qui précède, les conventions locales dans le cadre de la décentralisation sont constituées par celles qui impliquent la participation d'au moins une collectivité locale. Cette conception diverge avec l'approche que les populations et les projets de développement local intervenant sur le terrain en font.

La notion de convention locale est différemment considérée par les acteurs effectivement impliqués dans l'élaboration et l'exécution des conventions. En effet, la fragilisation des conditions écologiques, la dérégulation des systèmes sociaux combinée à un environnement socio- économique de plus en plus vulnérable, ont contribué à la redynamisation des stratégies communautaires de gestion des ressources naturelles, telles que les conventions locales. Ces institutions traditionnelles sont souvent initiatrices de conventions locales, parfois en relation ou non avec les collectivités locales qui exercent désormais des compétences transférées en matière de GRN. Les fonctions des conventions locales sont multiples et renvoient aux aspects suivants :

✓ un cadre méthodologique basé sur un processus d'apprentissage participatif et concerté entre des acteurs aux logiques diverses,
✓ un instrument réglementaire et institutionnel définissant des règles, des procédures et des organisations pour veiller à leur application,
✓ des outils de planification, de gestion et d'aménagement des ressources naturelles en vue d'assurer leur durabilité.

Selon le PAGERNA[4] la convention locale peut être définie comme un « *ensemble de dispositions prises de manière consensuelle par les populations d'une zone éco-géographique ou d'une unité d'aménagement donnée en vue de gérer durablement les ressources naturelles de leurs terroirs villageois et supra villageois*[5].» La convention est comme son nom l'indique consensuelle et obéit à des procédures d'élaboration (l'initiative provient des populations locales ou des projets de développement) et d'exécution (mise en place de Cellules d'Animation et de Concertation). Elle est élaborée selon des échelles différentes : villageoise, inter-villageoise, communautaire, inter-communautaire, zones géographiques transfrontalières contiguës. Leur champ d'application varie d'une convention locale à une autre et peuvent porter sur toutes les ressources foncières, ou sur des ressources communes ou

---

[4] *Projet d'Auto promotion et de gestion des Ressources naturelles au Sine Saloum*
[5] *Expériences du PAGERNA sur les conventions locales à l'atelier national sur les conventions locales à Kaolack en juin 2003*

individuelles.

Par ailleurs, les dénominations pour désigner ces règles diffèrent selon l'aspect que l'on voudrait mettre en exergue. Une vingtaine a été recensé par les chercheurs de L'IIED[6] parmi lesquelles nous pouvons citer : conventions locales, codes locaux, codes de conduite, règles de gestion, charte de territoire, plan d'aménagement et d'occupation des sols, co-gestion des ressources naturelles etc. Elle sont avalisées après leur élaboration par les autorités décentralisées (conseil rural) et déconcentrées (sous préfet). Les conventions locales peuvent donc être considérées comme des règles et principes de gestion des ressources naturelles au niveau local, élaborés et acceptés par les acteurs concernés de manière consensuelle. Il existe un élément déclencheur de l'établissement des conventions locales, à savoir l'éveil de la conscience des populations.

Il ressort des développements précédents que les conventions locales reposent en de termes nouveaux le débat permanent du décalage entre les pratiques coutumières et le droit positif. Dans presque tous les textes juridiques sur la gestion des collectivités locales, toutes les prérogatives sont détenues par l'Etat malgré la décentralisation. Des années d'application ont cependant suffi de montrer les faiblesses de cette option et la dégradation des ressources naturelles en est une preuve irréfutable. Parmi les causes, on peut noter l'inappropriation des règles par les populations considérées comme inadaptées et étrangères. L'inexistence d'une gestion officielle et efficace de ces ressources par l'Etat et les collectivités locales a fait que les populations ont toujours adopté des pratiques locales de gestion de ces dernières.

Les conventions locales s'inscrivent dans cette mouvance de pratiques locales et se singularisent par la forte implication des populations à la base. C'est pour tenir compte de ces pratiques locales de gestion qui ont fait leur preuve d'efficacité que les lois de la décentralisation ont prévu des conventions locales mais dans le cadre des compétences transférées. Cependant la pratique dénote une différence aussi bien dans la conception, la mise en oeuvre et le contrôle de ces conventions locales par rapport à celles déterminées par les lois de la décentralisation. D'où cette situation d'un risque de vide juridique où se retrouvent ces conventions locales. Différentes structures d'appui tels que la SAED, l'UICN, l'IIED, le PAGERNA participent à la promotion et à l'élaboration de ces conventions locales. Récemment la conférence de Bamako organisée par l'IIED en décembre 2003 avait pour thème les conventions locales.

L'étude de cette problématique est fondamentale dans le sens où, une gestion efficace des collectivités aura des impacts sur le plan politico organisationnel car les conventions locales amorcent un dialogue entre un éventail de parties prenantes, y compris les pouvoirs publics, les élus locaux, les OBC et les ONG afin de promouvoir la gouvernance collective. L'impact est aussi économique dans la mesure où : une meilleure GRN peut se traduire par une diversification des revenus (par exemple cueillette des produits de la forêt, artisanat, écotourisme, petite entreprise) et peut engendrer des avantages économiques notables. Sur le plan social, le renforcement des mécanismes de GRN existants et

---

[6] *International Institut pour l'environnement et le développement.*

traditionnels dans le cadre de l'établissement d'une Convention locale consolide les connaissances locales et renforce les liens sociaux. Ceci peut mettre en valeur la cohésion sociale et engendrer des moyens de résoudre les conflits futurs. Enfin sur le plan de la conservation de la biodiversité les conventions locales protègent la biodiversité par l'entremise de la GRN. L'impact le plus manifeste jusqu'ici a été la régénération du couvert d'arbres et d'arbustes et la restauration du sol érodé par le vent. En résumé, l'intérêt d'un questionnement sur les conventions locales intéresse le développement à la base et le développement durable par ricochet.

S'intéresser sur les conventions locales comme outil novateur revient donc à appréhender l'efficacité, la pertinence, les impacts, les limites et défis de ces conventions particulièrement la problématique de leur assise juridique. Dans cette étude, nous n'entendons pas identifier les critères d'une convention locale[12] mais plutôt apprécier la pertinence des conventions locales à travers des cas pratiques et leurs implications dans le développement local en mettant en exergue les difficultés aussi bien méthodologiques, pratiques que juridiques soulevées par cet outil novateur.

Si certaines études quantitativement faibles ont documenté divers aspects des conventions locales au Sénégal, il reste certain qu'une approche juridique combinée à la recherche d'efficacité de ces conventions dans la gestion des collectivités locales n'a pas été aussi riche et laisse encore par conséquent un champ libre aux divers spécialistes du droit de la décentralisation et de la gestion des ressources naturelles que nous sommes. Néanmoins, tous les acteurs s'accordent sur l'intérêt d'une recherche sur les aspects juridiques des conventions locales et principalement sur leur efficacité dans la gestion des collectivités locales comme en témoigne leur prise en compte lors de l'atelier national organisé par le PAGERNA à Kaolack avec la communication du Docteur Ibrahima Diallo de l'Université Gaston Berger de Saint louis. Au-delà de son aspect novateur comme outil de gestion des ressources naturelles et partant des collectivités de base, le défi de l'heure est de trouver une articulation des conventions locales (posant des difficultés d'ordre juridique surtout) avec le cadre juridique de la gestion des collectivités locales.

Notre problématique peut être posée en ces termes :

Les conventions locales constituent elles un outil novateur de gestion des collectivités locales ?

Un certain nombre d'interrogations est suscité par notre problématique :

Qu'est-ce qu'une Convention locale ?

Quel est le cadre juridico- institutionnel régissant les conventions locales ?

Quels en sont les mécanismes d'élaboration et d'exécution dans la pratique ?

Quels sont les impacts (pertinence) et défis de ces conventions locales dans le cadre de la gestion des ressources naturelles et des collectivités locales en général ?

Comment peut-on concilier les impératifs de la légalité des conventions et les exigences de la légitimité posés par les conventions locales ?

Dès lors, l'analyse sera articulée autour des réponses à ces questions.

La démarche qui sera suivie pour aborder les conventions locales comme outil novateur de gestion des collectivités locales sera évidemment juridique avec un clin d'œil à l'anthropologie juridique. Aussi, notre étude envisage-t-elle de revisiter tous les aspects du concept convention locale (juridique, pratique) et d'analyser ses implications particulièrement dans la gestion des collectivités locales et dans le développement local en général. C'est ainsi qu'il s'agira de voir d'abord :

Titre premier : Le caractère novateur des conventions locales dans la gestion des collectivités locales et ensuite ;

<u>Titre deuxième</u> : Apprécier la portée des conventions locales à travers **Leur impact mitigé dans la gestion des collectivités locales.**

Titre 1 : Le caractère novateur des conventions locales dans la gestion des collectivités locales

Jauger les conventions locales requiert la prise en compte de ce concept nouveau à la lumière des règles juridiques qui la régissent. Les conventions locales reposent la problématique d'une gestion globale et holistique des ressources naturelles, des collectivités locales dans leur ensemble prenant en compte à la fois les aspects pratiques et organisationnels. Les conventions locales représentent une stratégie pour rendre effective la gestion des ressources naturelles, une compétence transférée dans le cadre de la décentralisation. Celle-ci a été un tournant décisif dans l'adoption de politiques concertées de gestion des ressources naturelles. Ainsi leur circonscription postule leur réintégration dans l'ambiance institutionnel et juridique **(chapitre I).** Toutefois, cette approche risque d'être restrictive si nous faisons fi de l'appréhension que les acteurs effectivement impliqués dans la conception et l'élaboration de ces conventions locales en font **(chapitre II).**

Chapitre I L'environnement juridico institutionnel des conventions locales

Ce régime des conventions locales s'apprécie au regard de deux paradigmes : d'une part par rapport au milieu ambiant des textes de la décentralisation (section1) ; et d'autre part la pertinence de ces conventions dans la gestion des compétences transférées en constituant un mécanisme participatif (section2).

Section1 : Les conventions locales dans le cadre de la décentralisation

A la lumière de la lecture des textes de lois sur la décentralisation au Sénégal, un constat peut être fait. En effet, l'assise juridique de cet outil est perceptible à travers certaines dispositions. Il ressort de ce constat que la possibilité est offerte pour les collectivités locales de constituer avec l'Etat (conventions types pour l'utilisation des services déconcentrés), les associations, ou entre elles des conventions locales dans la perspective de la gestion des compétences transférées surtout en matière de gestion des ressources naturelles. Elle est confortée par l'article 2 de la loi 96-07 qui dispose que : « *Toutefois les collectivités locales peuvent librement entretenir entre elles des relations fonctionnelles et de coopération en stricte conformité avec les textes législatifs et réglementaires en vigueur.*» Nous retiendrons uniquement dans notre analyse les conventions prévues entre les collectivités locales de même niveau (par 1) ; avant de cerner celles qui sont possibles entre structures locales de niveaux différents (par2) pour la simple raison qu'elles constituent à l'heure actuelle les instruments pertinents pour l'impulsion d'un développement local réussi de toutes les collectivités locales Sénégalaises.

Paragraphe1 : Convention entre collectivités locales de même niveau

L'article 3 de la loi 96-06 du 22 mars 1996 dispose d'entrée en de termes certes généraux la possibilité offerte aux collectivités locales Sénégalaises de nouer des actions de coopération par le biais des conventions à tous les acteurs locaux. Dans cette même optique ; l'article 14 du CCL dispose que : *« les collectivités locales peuvent entreprendre des actions de coopération entre elles.»* Ces dispositions ouvrent la brèche pour une coopération entre les régions (A) et les communes (B).

A. L'interrégionalité

Il s'agissait pour le législateur en procédant à une décentralisation, au regard de l'exposé des motifs de la loi portant code des collectivités locales ; de créer des structures intermédiaires entre les administrations centrales de l'Etat et les collectivités locales de base des structures intermédiaires que sont les régions. Leur finalité consistait à servir de cadre à la programmation du développement économique, social et culturel, et où puissent s'établir la coordination des actions de l'Etat et des collectivités locales[14]. Une seconde préoccupation motivait le législateur et se résumait par l'admission d'une maturité aux collectivités locales. Ainsi affirmée leur autonomie ; les collectivités locales et la région en particulier bénéficiaient d'une autonomie de gestion. Mais du moment qu'une ou plusieurs régions peuvent avoir des intérêts communs pour l'effectivité de leurs compétences transférées ; une coopération s'avère nécessaire. Cette opportunité leur est offerte par les textes de la décentralisation, en l'occurrence par les articles 71, 72 et 73 du CCL. Au terme de l'article 71[15] : *« Deux ou plusieurs conseils régionaux peuvent créer entre eux, à l'initiative de leur président, des ententes sur des objets d'intérêt régional commun compris dans leurs attributions. Les ententes font l'objet de conventions autorisées par les conseils respectifs, signées par les présidents, et approuvées par décret. »*

Ces dispositions déterminent la procédure d'établissement d'une convention interrégionale. L'initiative provient en effet des présidents de conseil régional qui par le biais d'une signature de la convention engagent à priori leurs collectivités avec l'autorisation de leurs assemblées délibérantes. Après la signature par le Président, la convention doit être approuvée par décret. Les ententes interrégionales sont donc mises en place suivant l'accord des conseils régionaux. Même si les collectivités locales sont *« majeures »*, le contrôle de l'Etat est devenu une condition d'existence de la décentralisation afin de maintenir la cohésion sociale, mais aussi le respect de la légalité. C'est ce qui justifie que le caractère exécutoire de cette entente interrégionale soit suspendu à l'approbation par décret.

Selon l'article 72[16] : *« Les questions d'intérêt commun sont débattues dans des conférences où chaque conseil régional est représenté par une commission spéciale élue à cette effet et composée de trois membres élus au scrutin secret. Les commissions spéciales forment la commission administrative chargée de la direction de l'entente.»* L'entente interrégionale est par conséquent gérée par cette commission administrative composée des commissions spéciales des différents conseils régionaux. Toutefois, les décisions prises par cette commission ne sont exécutoires qu'après avoir été ratifié par tous les conseils régionaux parties prenantes à la dite convention locale. Un certain nombre de limites sont imposées aux collectivités locales. Elles concernent essentiellement l'étendue des domaines susceptibles de constituer un fondement à une éventuelle convention interrégionale. Le législateur n'a pas procédé à une énumération des objets, mais utilise un terme générique à savoir l' *« intérêt régional commun compris dans leurs attributions.»* Pour dire que les régions ne peuvent signer des conventions locales portant sur des intérêts autres que ceux relevant de leurs compétences transférées énumérées dans la loi sur le transfert des compétences. C'est ce qui justifie les dispositions de l'article 73 qui stipule que : *« Si des questions autres que celles prévues à l'article 72 du présent code sont en discussion, le représentant de l'Etat dans la région où la conférence a lieu la déclare dissoute.»*

Donc en sus des possibilités pour le Gouverneur de région d'assister aux conférences ; il peut procéder à la dissolution de la rencontre s'il s'avérait que d'autres questions ne relevant pas de l'objet pour lequel l'entente a été créée se discutaient.

B. L'intercommunalité

En France, il existe deux modes d'intercommunalité : celle associative et celle fédérative. L'intercommunalité associative est essentiellement consensuelle et se caractérise par sa souplesse. Elle a été mise en oeuvre en France par la loi du 22 mars 1980 instituant les syndicats intercommunaux à vocation unique (SIVU). En revanche, l'intercommunalité fédérative s'inscrit dans une volonté d'intégration beaucoup plus exigeante pour les communes et trouve son fondement dans l'ordonnance du 5 janvier 1959 et la loi du 31 décembre 1966 instituant les communautés urbaines. Si la fusion assimile et absorbe les communes, l'intercommunalité respecte le cadre communal pour un exercice en commun des prestations de services dévolues par les communes. Cette intercommunalité tend toutefois aujourd'hui à dépasser la simple mise en commun des moyens, pour s'attacher au développement économique[7]. La faiblesse des moyens, l'attraction des grandes villes, la juxtaposition d'agglomération appartenant à des communes voisines sont entre autres les raisons qui incitent les communes à se regrouper. Dans ce même ordre d'idée, *« les syndicats de communes peuvent être crées soit par délibérations concordantes des conseils municipaux, soit par arrêté du commissaire de la République sur l'avis conforme du conseil général ou des conseils généraux concernés mais à la demande des deux tiers des communes représentant plus de la moitié de la population[8] »*.

Au Sénégal, la conception est à quelques égards différente sans pour autant se détacher de la logique de l'intercommunalité à la Française. L'article 179 du CCL dispose à cet effet que : *« Deux ou plusieurs conseils municipaux peuvent créer entre eux, à l'initiative de leurs maires, une entente sur les objets d'intérêts communal commun, compris dans leurs attributions. Ces ententes font l'objet de conventions autorisées par les conseils respectifs, signées par les maires, et approuvées par arrêté du représentant de l'Etat ou par arrêté du ministre chargé des collectivités locales si les communes sont dans deux régions différentes.»* Le fonctionnement des conventions intercommunales obéit au même régime que l'entente interrégionale. Cependant ; à la place d'un décret, un simple arrêté du Préfet ou du Ministre

---

[7] Marie-Christine, B.Gelabert, Patrick Labia *« Intercommunalités mode d'emploi »* ; Mémentos du Maire collection dirigée par Joël Bourdin, Economica 1992 ; page 14

[8] Thierry Michalon *« la décentralisation, les régimes d'administration locale »* ADELS, 1988 ; page 345-346.

chargé des collectivités locales suffit pour l'approbation de la dite convention.

Cette approche novatrice de la gestion des collectivités locales n'est pas très usitée dans la pratique, même si des efforts sont fournis par certaines communes dans la perspective d'une gestion de services d'intérêt communal. Force est de noter que cette intercommunalité présente des avantages dans le sens où, la négociation, le consensus et l'habitude du travail en commun contribuent non seulement à réduire les cloisonnements et élargir l'assiette de la démocratie locale, mais aussi à trouver des gains de productivité et à rendre le service public plus efficace. En France, il est possible de créer des districts, comme structure de coopération des communes qui se sont trouvées absorbées par le développement d'une même agglomération. D'autre part, au Sénégal ; la communauté urbaine peut être créée « *lorsque les conseils municipaux de deux ou plusieurs communes ont fait connaître par délibérations concordantes, leur volonté d'associer les communes qu'ils représentent en vue d'œuvres ou service d'intérêt communal et qu'ils ont décidé de consacrer en commun à ces œuvre et à ces services les ressources suffisantes.*» Comme exemple nous pouvons noter la récente Communauté des agglomérations de Dakar (CADAK) qui est chargée principalement de la construction et de l'entretien de la voirie municipale, du nettoiement des rues, de l'enlèvement des ordures ménagères, de la gestion de l'éclairage public et du cimetière des naufragés du Joola, et de toute autre mission que les villes membres pourraient lui confier.

Contrairement à l'intercommunalité classique ; cette convention locale est beaucoup plus profonde et fonctionnelle dans la mesure où, les communes participent financièrement à la gestion d'un service municipal commun. D'ailleurs, les délibérations prises à cet effet sont autorisées par décret. La communauté urbaine est plus complexe et l'exemple patent est symbolisé par la Communauté Urbaine de Dakar qui a été supprimée au lendemain de l'alternance. L'originalité de cette convention locale n'est plus à démontrer en dépit des diverses raisons pouvant justifier qu'elle soit faiblement usitée. Nous avons eu récemment écho de la création d'une «*communauté des communes* », structure proposée par l'actuel maire de Dakar Pape Diop. Selon ce dernier, elle devrait remplacer la défunte communauté urbaine. Tout compte fait, seule une bonne gestion d'une pareille entente pourrait aboutir aux réussites escomptées.

Paragraphe 2 Collaboration entre structures de niveaux différents

Coopération entre collectivités locales de même niveau constituait pour nous une originalité, pourtant celle qui réunit des collectivités de niveaux différents à travers une convention locale s'avère être la mieux à même de participer à un développement local harmonieux et efficient. Il s'agit en l'occurrence des groupements mixtes (A) et des groupements d'intérêt communautaire (B).

A. Les groupements mixtes :

Selon l'article 74 du CCL : « *Des groupements mixtes peuvent être constitués par accord entre des régions et l'Etat, ou avec des communes ou communautés rurales, en vue d'une œuvre ou d'un service présentant une utilité pour chacune des parties.»* Partant de cette affirmation, cette présente convention locale peut regrouper dans un groupement mixte deux formes d'organisations différentes : d'une part l'Etat et les établissements publics à la région, et d'autre part la région et les autres collectivités locales à savoir les communes et les communautés rurales. Autorisé et supprimé par la loi, le groupement mixte est une personne morale de droit public à qui s'appliquent les règles sur le secteur parapublic. Le but de cette convention a uniquement pour fin, de réaliser un œuvre de service public, présentant pour les différentes entités partenaires un intérêt certain. Le législateur va plus loin afin d'inciter cette coopération décentralisée interne en offrant aux participants le choix de gérer le groupement mixte d'une manière directe (exploitation directe) ou par simple participation financière à l'image des organismes ou sociétés à participation publique majoritaire.

Basée sur une convention, une pareille structure présente des originalités dans le sens où, c'est une concrétisation des rapports que les collectivités locales et l'Etat peuvent et même doivent entretenir entre eux afin de gérer des services communs d'intérêt transversal. Un tel groupement sert à exploiter des services moins onéreux pour chacun des partenaires et dont l'impact sur les populations et par ricochet sur le développement local ne serait pas moindre. Il contribue aussi à la consolidation d'une gouvernance locale basée uniquement sur le développement. Par exemple, une région comme Dakar pourrait créer un groupement mixte avec l'Etat, les communes et les communautés rurales de toute la région en vue du ramassage ainsi quedu recyclage des ordures ménagères. Cependant, la seule difficulté retenue est l'autorisation préalable du législateur et des domaines de compétences limités par le code des collectivités locales. Cette opportunité n'est cependant pas très bien exploitée par les collectivités.

B. Les groupements d'intérêt communautaire

Dans la perspective d'une gestion concertée et harmonieuse des compétences qui leur sont transférées, les communes et les communautés rurales peuvent constituer entre elles un groupement d'intérêt communautaire. Son régime juridique est défini par les articles 239, 240, 241 et 242 du CCL. L'article 239 dispose que : *« Plusieurs communautés rurales peuvent décider de constituer entre elles, ou avec une ou plusieurs communes, un groupement d'intérêt communautaire ayant pour objet la gestion ou l'exploitation des terres du domaines national, de biens d'équipements, d'infrastructures ou de ressources intéressant plusieurs communautés rurales et une ou plusieurs communes.»* Il ressort de cette disposition que seules les communes et les communautés rurales peuvent participer à la mise en place d'un GIC. Les régions, l'Etat ou les établissements publics sont exclus de cette convention locale. En outre, le domaine d'intervention reste limité dans la mesure où, le législateur a prit le soin d'énumérer les compétences sur lesquelles cette coopération pourrait s'étendre. Il s'agit principalement de la gestion foncière et des infrastructures locales. La procédure de mise en place est simple dans une certaine mesure, car le GIC est créé par décret sur le vœu des conseils municipaux et ruraux intéressés après un avis du conseil régional.

L'exploitation foncière pouvant être sujette à conflits, le GIC contribue par une gestion concertée basée sur une convention locale des collectivités à régler sinon apaiser d'éventuelles discordes afférentes à ces ressources. Par exemple, un GIC entre la commune de Saint louis et la communauté rurale de

Gandon sur une gestion des terres aurait pour conséquence d'une part de permettre l'élargissement du périmètre de la commune et d'autre part des retombées financières pour la communauté rurale. La pratique nous montre cependant que de rares GIC ont été mis en place et que le suivi n'est jamais effectif. C'est le cas du GIC entre la commune de Joal Fatdiouj et la communauté rurale de Nguéniène pour une extension des terres de la commune ; la commune de Thiès et la communauté rurale de Fandène pour la gestion de l'eau. Nous pouvons citer le GIC entre les communautés rurales du département de Bakel[9]. Il y a aussi l'institution d'un GIC dénommé Communauté des agglomérations de Rufisque (CAR)[10]. Celle-ci regroupe la ville de Rufisque, les communes de Bargny, Diamniadio et Sébikotane et les communautés rurales de Sangalkam et de Yenn. Il sera chargé principalement de la construction et de l'entretien de la voirie locale, du nettoiement des rues, de l'enlèvement des ordures ménagères et de la gestion de l'éclairage public. Peut aussi être cité le GIC entre les communautés rurales dans les départements de Podor, Sédhiou, Kolda et Bignona[11]. Ses missions consistent à la gestion et l'exploitation des biens d'équipements, des infrastructures et des ressources intéressant l'ensemble des communautés rurales du département.

Section2 : Un mécanisme participatif de gestion des collectivités locales

Une responsabilisation des collectivités locales requiert leur autonomie aussi bien fonctionnelle que structurelle. C'est dans cette optique, que le législateur Sénégalais a procédé au transfert de compétences afin de concrétiser cette vision d'un développement participatif, endogène et autocentré gage unique d'une démocratie locale. Ce transfert entre trois degrés de collectivités locales différentes aussi bien dans leur statut que dans leurs compétences ne manque pas d'occasionner des erements qu'une gestion commune aurait corrigés. Les conventions locales viennent combler ce déficit en permettant une gestion concertée des compétences transférées ; dont la gestion isolée comporte des difficultés (par1) ce à quoi l'apport des conventions locales vient combler (par2).

Paragraphe1 : Les difficultés d'une gestion isolée

Les collectivités locales disposent désormais depuis la loi 96-07 à coté des compétences générales, de compétences transférées ou d'attribution. Cette répartition s'inspire du principe de subsidiarité qui consiste à ce que les affaires qu'une communauté peut régler à son niveau, relèvent de cette communauté et non plus de l'Etat central, et à ce que les affaires qui dépassent les intérêts locaux sont renvoyés à un échelon supérieur. Cela revient à dire donc à l'image du Professeur DEMBA SY que

---

[9] Décret 2004-1122 du 05 août 2004 portant création d'un groupement d'intérêt communautaire entre les communautés rurales du département de Bakel

[10] Décret 2004-1094 du 04 août 2004 portant création de la Communauté des Agglomérations de Rufisque (CAR)

[11] Décret 2004-1095 du 04 août 2004 portant création d'un groupement d'intérêt communautaire entre les communautés rurales dans les départements de Podor, Sédhiou, Kolda et Bignona

l'objet de la loi est de déplacer la ligne frontière entre le central et le local, de confier aux collectivités locales des compétences jusqu'alors exercées par l'Etat. Dans son article 3, la loi 96-07 dispose que la répartition des compétences se fait distinctement entre les différents niveaux de collectivités locales dans les neufs domaines de compétences. Ainsi définies ; l'exercice de ces compétences posent des difficultés considérables aux collectivités locales dues principielle ment à des limites d'ordre technique, financier et humain entre autres.

En effet, en tenant compte de caractère transversal de certaines compétences ; son exercice nécessite une collaboration des trois niveaux de collectivités locales et parfois celle de l'Etat. C'est peut être pour cette raison que les collectivités locales doivent déterminer les cadres de concertation à tous les niveaux et dans tous les domaines dont compétence leur a été attribuée. Pour une impulsion du développement local, la mise en place de structures ou de services publics locaux s'avère une nécessité. Nous pouvons cautionner à cette occasion cette assertion : « *Une des solutions que préconisent les experts face à une telle situation est l'intercommunalité, une approche qui permettrait un regroupement des collectivités locales en vue de gérer en commun leur fiscalité[12]* » Exemple : la création d'une société de ramassage d'ordure, la mise en place d'une société de transport, la gestion des ressources foncières trans-collectivités etc. Les difficultés surtout financières des collectivités locales viennent constituer des freins à ces éventuelles initiatives locales et bloquent par là l'impulsion du développement à la base.

De même, il existe une disparité apparente entre les collectivités locales (commune de Dakar et les autres collectivités locales), mais aussi et surtout entre les niveaux de collectivités (région, commune et communauté rurale). Les moyens n'étant pas toujours pareils, une gestion isolée, esseulée s'avère trop risquée ; et l'observation de la pratique administrative des collectivités Sénégalaises semble nous le démontrer. Il urge dés lors pour ces dernières afin de répondre à la demande locale d'opter pour une coopération interne à travers des conventions locales dont les apports peuvent être bénéfiques pour chaque partenaire (par2).

Paragraphe2 : L'apport des conventions locales

Une mise en œuvre des compétences qui leur sont dévolues requiert une maturité des collectivités locales désignées. Mais cette gestion n'est elle pas vouée à l'échec par une approche parcellaire du développement local ? Le législateur a ouvert la brèche en offrant la possibilité de conclure des conventions aussi bien avec des collectivités homologues, mais aussi l'Etat et avec tous les acteurs intervenant à la base. Exploitées à juste titre, ces partenariats ne peuvent autrement s'avérer que bénéfiques pour toutes les parties prenantes. Des régions tell que Dakar en raison de ses spécificités politiques, économique et administratives est constamment confrontée à des problèmes récurrents que les collectivités locales qui la composent, prises individuellement, parviennent difficilement à prendre en charge. C'est ce à quoi une coopération décentralisée interne à l'image des différentes formes de

---

[12] « *Chaîne fiscale, Quel niveau de décentralisation pour le Sénégal* » in Echos des collectivités locales ; n°1- oct- novemb-decemb. 2001 ; page13, DGL Ferlo

convention locales semble solutionner. Une évaluation des exemples pertinents de regroupements entre collectivités locales nous aurait certainement permis de déceler les avantages non moins importants d'une gestion commune et concertée.

Au-delà des avantages de moindre coût pour un service public local, cette coopération renforce les liens sociaux et par devers l'unité national. Cette vision du développement local regroupant des collectivités d'une même région ou de collectivités connexes réalise cette régionalisation tant voulue et clamée par le Président Abdou Diouf lors de son fameux discours[13]. Les apports des conventions locales sont financiers, sociaux, techniques, etc. Sur le plan financier, que ce soit l'entente interrégionale, intercommunale, le groupement mixte ou le groupement d'intérêt communautaire ; la réunion des moyens de tous les partenaires constitue une somme importante afin de mettre en oeuvre un service d'intérêt commun. Ceci permettra d'alléger le budget de chacune des collectivités partenaires, et le surplus pourrait être reversé dans d'autres secteurs des compétences générales ou transférées.

Sur le plan social, les avantages se situent à un double niveau. D'une part, c'est la satisfaction générale que les populations concernées tirent de cette coopération par l'existence de services publics locaux efficaces et dotés de moyens importants pour l'exercice de leurs missions à un coût moindre. D'autre part, le raffermissement des liens socioculturels par le biais d'une convention qui en transcendant les limites administratives rappelle que le développement d'un pays est constitué par la somme des développements des collectivités composantes. S'agissant des avantages matériels et techniques, la somme des moyens augure des outils sophistiqués, et des spécialistes afin de concrétiser cette vision des collectivités (voirie, éclairage, enlèvement des ordures) au seul bonheur du citoyen local.

Chapitre 2 : La pratique des conventions locales de gestion des collectivités locales

Ainsi déterminées, ces conventions prévues dans le cadre des textes de la décentralisation sont assez restrictives dans la mesure où, seule la collectivité locale se trouve en mesure de contracter et concentre entre ses mains la capacité de détermination des règles communes de gestion de la collectivité locale. Mais dans toutes les sociétés, des stratégies locales, endogènes, traditionnelles, locales, coutumières ont toujours existé pour l'accès, l'exploitation surtout des ressources foncières. De ce fait, des règles ayant fait leur preuve d'efficacité se dégagent et s'appliquent sans texte, ni formalisme. Considérées comme des conventions locales, ces dernières viennent supplanter celles prédéfinies par le législateur en mettant contrairement aux prévisions des textes de la décentralisation qui mettent en étendard les collectivités locales ; le citoyen, le villageois en particulier comme étant l'acteur principal dans l'élaboration et la mise en oeuvre des dites conventions. Pour cerner ce concept à la fois original et complexe pour un juriste positiviste, nous allons d'abord dégager les spécificités de ces conventions locales (**section1**) ensuite nous partirons de quelques conventions locales réussies afin de procéder à un analyse approfondie (**section2**).

---

[13] Discours du 3 avril 1992.

Section1 Les spécificités des conventions locales

Afin d'avoir une vue synoptique des conventions locales autres que celles prévues par les textes de la décentralisation, retracer la procédure d'élaboration **(parag1)** (organes intervenant tout le long du processus) de ces dernières en partant de cas pratiques nous semble être la seule voie pertinente pour les cerner. Leur mise en œuvre en constituant la dernière phase du processus nous intéressera en dernier lieu à travers la complexité des relations entretenues entre les différents acteurs **(parag2)**

Parag1 Le processus d'élaboration des conventions locales

Le processus d'élaboration de ces conventions locales pose un certain nombre d'interrogation ayant trait essentiellement sur les acteurs **(A)**, le champ d'application ou domaine ciblé **(B)**.

A. Les acteurs d'une convention locale

Nous pouvons constater que deux acteurs interviennent dans la procédure d'élaboration d'une convention locale : il s'agit des acteurs attendus que sont les populations, et des acteurs potentiels composés des ONG, des autorités administratives (conseil rural, sous-préfet, agents des eaux et forêts) Parmi les acteurs attendus nous pouvons d'emblé noter que c'est l'ensemble des personnes vivant dans la localité. On distingue cependant les allochtones, les transhumants te les étrangers dans cette catégorisation. En effet, ces derniers peuvent s'ils se trouvent dans la localité au moment de l'initiative de la convention locale participer effectivement à l'élaboration et se verront appliquer les règles contenues dans la convention.

Dans la plupart des cas, une conception large est faite de cette notion de population locale (jeunes, femmes, associations etc.) car les circonscriptions géographiques faites par l'Etat sont différentes de celles que les populations en ont. Dans la conception locale ou localisée de la convention locale, les populations participent tout le long du processus à l'élaboration des règles. L'expression des aspirations s'extériorise à travers les différentes rencontres de concertation et de coordination organisées par les autres acteurs initiateurs ou simples facilitateurs. Lors de ces séances (dont nous avons eu à participer lors de la validation du POAS de Gandon), chaque ressortissant de la communauté exprime ses désirs sur les modalités de réglementation du domaine ciblé par la convention. C'est pour tenir compte de l'aspiration de tout résident de la localité, que des séances sont à même d'être organisées dans chaque hameau pour avoir la participation effective lors de l'élaboration des personnes auxquelles les dispositions de la convention vont s'appliquer. A l'issue, des cellules d'animation et de concertation (CAC) sont mises en place. Ceci peut poser des questions d'ordre juridique (sur lesquelles nous reviendrons dans la dernière partie de ce travail), car aucun texte, ni principe général de droit voire à la limite une jurisprudence Sénégalaise qui donne un pouvoir d'édiction de règles à portée générale et absolues à des populations ou des villages au détriment des assemblées délibératives (Assemblée Nationale ou locale). Sauf si bien sûr, cette convention est considérée comme un contrat faisant office subséquemment de loi aux parties. Le conseil d'Etat n'a-t-il pas refusé la personnalité juridique à un chef de village dans une décision et à plus forte raison les résidents. En somme, les populations locales sont les acteurs attendus dans l'élaboration des conventions locales, -même si l'initiative peut provenir des acteurs potentiels.

Parmi ces acteurs potentiels, la recherche de terrain nous a permis de déceler deux tendances aux méthodes et rôles différents : il s'agit des autorités administratives et des organisations non gouvernementales. S'agissant des autorités administratives, nous avons d'abord le conseil rural. Celui-ci intervient dans l'élaboration par le biais de son conseil ou plus précisément par une de ses commissions intéressée qui manifeste parfois la volonté d'établir des conventions locales dans des domaines spécifiques. En se référant aux documents de certaines conventions locales, nous constatons que les conseils ruraux sont au début et à la fin de tout le processus par le vote final du document. Le conseil rural collabore en raison de ses compétences générales ou transférées relevant d'une façon ou d'une autre de la convention. Le représentant de l'Etat (préfet ou sous-préfet) vient toujours en dernier lieu pour valider la délibération du conseil.

Toutefois, certaines conventions locales existent sans délibération du conseil rural, même si l'autorité administrative y appose sa signature, elles n'ont aucune force juridique, sauf si ce dernier le fait en qualité de simple témoin lors d'un contrat synallagmatique. Quant aux ONG, certaines très actives dans le développement local, ont tout au plus contribuées à l'émergence sinon à la formalisation des règles locales. Leur importance se mesure à la dimension de leur expertise technique mais aussi de par leur contribution financière dans le long processus d'élaboration et d'harmonisation des dites règles. Leur rôle est essentiel, cependant certaines ONG telle que le PAPEL procèdent de manière illégale lors de l'élaboration des conventions. Il faudrait dans ce même ordre d'idées, citer les agents administratifs (Eaux et forêts, CERP, ARD) qui disposent de l'expertise technique parfois nécessaires surtout en matière foncière.

Toutes les conventions locales notent donc la participation et l'appui de toutes les structures sur place. Il s'agit en somme des services techniques (Etatiques non gouvernementaux, projets et autres), des services techniques particuliers (comme les eaux et forêts), de l'administration (administrative et judiciaire), des responsables locaux.

B. Le domaine d'intervention des conventions locales

Dans la plupart des cas, le champ de prédilection des conventions locales est pratiquement circonscrit dans le domaine de la gestion foncière et particulièrement des ressources naturelles et environnementales. Fondées sur des pratiques juridiques des pays colonisateurs, amendées mais non transformées par les Etats indépendants, « *les législations foncières sont fondées sur des principes radicalement opposés* [14]». Au nom du développement et de la rationalité, un monopole de l'Etat et des collectivités locales plus tard sera instauré sur la gestion foncière, en décalage profond avec les systèmes d'exploitation des ruraux. La convention locale devient de ce fait une réponse des populations locales devant cette négation des règles étatiques. Par conséquent, elle est une étape

---

[14] Ph.L. Delville « *Foncier rural, Ressources renouvelables et développement* » ; GRET février 1998, page 21

logique d'un processus d'aménagement et de gestion des ressources. C'est généralement la phase de contrôle et/ou de réglementation de l'accès aux ressources du terroir. Ces ressources peuvent être régénérées par des interventions des populations avec l'appui des services techniques (cas de la restauration des berges dégradées : Siwaa[15]); ou par des mises en défens ou bien, les populations ayant compris la tendance d'une diminution des ressources s'organisent pour réglementer l'accès à leur seul profit. Souvent des zones de valeurs culturelles sont proposées par les populations contre toutes interventions humaines pour une exploitation. Cinq domaines sont principalement ciblés par les conventions locales : il s'agit des conventions de gestion des terroirs, de gestion des parcours de bétail, des forêts, des mares et de la pêche, et enfin de la gestion des infrastructures.

En ce qui concerne la gestion des terroirs, elles voient pour la plupart le jour sur une initiative des villageois avec l'appui des services techniques. Elles traitent uniquement du bois (chauffe, œuvre et service) et l'accès au pâturage. Ces conventions se confondent très vite avec les textes forestiers jusqu'à un niveau que les populations ne s'y retrouvent plus. S'agissant de la gestion du parcours des terroirs, les programmes et projets d'appui aux éleveurs (PAPEL) et ceux d'appui aux populations en place par exemple au Sénégal, pour recevoir les transhumants, ont développé des conventions portant sur le mode d'accès aux ressources en eau et en pâturage. Ces conventions sont les plus sensibles car avec le mouvement des troupeaux vers de zones pourvoyeuses de ressources, les conflits entre agriculteurs et éleveurs sont fréquents et très dangereux. Comme la première, ces conventions, bien que touchant un espace plus grand, dépassant parfois les limites géographiques des collectivités locales, sont sorties de l'initiative des populations à la base avec la collaboration des projets de développement. Ces conventions traitent l'accès global de la zone en traitant beaucoup de ressources donc faisant intervenir toutes les lois et textes (forestière, foncière) et les valeurs locales en terme d'accord à l'intérieur et à l'extérieur. Un plan de gestion est élaboré contenant d'abord, les modalités d'utilisation de l'espace (POAS), ensuite l'exploitation des parcours en hivernage et enfin de la gestion des mares d'eau (transhumants, agriculteurs).

Enfin, des conventions locales sont de même élaborées pour la gestion des forêts, des eaux pour la pêche, mais aussi des infrastructures (barrage, passage à niveau, forages). Au Sénégal, nous pouvons citer l'intervention de l'UICN dans le Saloum pour une pêche artisanale responsable. En outre des contrats de gestion des forêts sises dans les collectivités locales et gérées par ces dernières, peuvent être conclus entre la collectivité et des particuliers. Il se traduit par un plan d'aménagement et de gestion[42]. Tout ceci pour dire que la mise en place de conventions doit obéir à la réglementation en vigueur. Ce qui n'est pas toujours le cas. Car comment expliquer des conventions locales portant sur la pêche qui est une compétence non transférée aux collectivités locales ? Ceci repose la question de la limite d'intervention des conventions locales, et par-dessus bord leur légalité sur laquelle nous allons largement revenir.

En bref, les conventions locales sont multiples et variées dans leur forme malgré que leur objectif général soit une utilisation rationnelle des ressources naturelles, une réglementation des conflits liés à

---

[15] SIWAA est une composition de villages maliens dans le cadre d'une convention locale de gestion des ressources naturelles.

leur exploitation, un aménagement et une gestion durables des ressources agro-sylvo- pastorales. Le caractère écrit est plus fréquent (Mbadakhoune et Keur Baka) même si certaines conventions locales n'ont bénéficié d'aucun formalisme, c'est le cas de la convention de Fandène qui est tout simplement orale. Après la détermination du processus ou procédure d'élaboration de la convention locale, l'étude de sa mise en œuvre s'avère logique (Par2).

Paragraphe2 La mise en œuvre des conventions locales

Dans le cadre de la mise en œuvre de la convention locale, certains acteurs vont occuper une place de choix dans la vulgarisation et l'application des règles. Après une élaboration des textes en concertation avec les populations locales, le document est remis à la communauté rurale. Par le biais du conseil rural, une délibération est prise afin d'entériner les dispositions du code de conduite sous réserve de l'avis favorable du représentant de l'Etat. A ce stade, les règles contenues dans la convention deviennent opposables à tout résident de la communauté. Les CAC (Cellules d'animation et de Concertation) sont pour leur part chargés en sus de l'implication de toute la population locale, de la mise en application de la convention. De ce fait, les sanctions et amendes prévues s'appliquent à tout contrevenant avec l'appui des services forestiers. Les CAC se chargent de dénoncer les contrevenants mais n'ont pas le droit d'appliquer les sanctions.

Dans certaines conventions, les CAC ont pour mission principale :

1. la mobilisation des populations : lutte contre les feux de brousse, reboisement des zones dégradées

2. Vérification de la régularité des permis de coupe

3. Veiller à l'application du code

4. Animer le processus de démultiplication des formations et actions

5. Saisir les produits issus des coupes frauduleuses et les transférer aux services des Eaux et Forêts

Quant aux conseil rural, sa mission se résume essentiellement à :

1. Appuyer les CAC dans l'application du code

2. officialiser le code par la signature de contrat type avec les services techniques de l'Etat en vue de leur implication dans la mise en oeuvre de la convention

3. Supervision et coordination des activités

Pour les ONG, services techniques et projets de développement ; il s'agira :

1. formation des élus pour une application des règles codifiées

2. Apporter les éclairages techniques et juridiques

3. Participation active au suivi et à l'évaluation

Nonobstant l'élaboration et la mise en oeuvre de règles négociée de gestion, les conventions locales sont un outil novateur et pertinent de règlement des conflits[16]. La mise en place des conventions locales consacre le constat d'échec des stratégies étatiques antérieures de GRN et des conflits au Sahel basées souvent sur la répression et le dirigisme étatique. En outre, la fragilisation des conditions écologiques, la dérégulation des systèmes sociaux auxquelles il faut ajouter un environnement socio-économique de plus en plus vulnérable, ont contribué à la redynamisation des stratégies communautaires de GRN, telles que les conventions locales.

Les amendes prévues dans le document sont réparties selon une triptyque : une part au conseil rural, un autre aux agents forestiers et enfin un pourcentage revient aux populations. En cas de survenance d'un conflit, le code de conduite détermine à l'avance la composition du comité de réconciliation qui en compétente en premier ressort. Les tribunaux civils ne seront saisis qu'en dernier ressort, après constat de la tentative de réconciliation.

Dans un système de pluralisme juridique, la cohabitation entre deux logiques différentes justifie dans une certaine mesure la naissance des conventions locales. Leur légitimé n'est pas du tout contestée car ayant jaillies des initiatives locales et l'adhésion des populations lors du processus en est une preuve. Afin d'avoir une idée nette sur les conventions locales, nous allons dans une perspective réaliste analyser quelques conventions afin d'exposer plus clairement leurs spécificités.

Section2 : Etude de cas de quelques conventions locales

Caractérisés par une saison sèche couvrant les sept mois de l'année, les pays du Sahel et le Sénégal en particulier dépendent pour la survie de leur population locale des ressources naturelles. Or, « *les sécheresses récurrentes, l'augmentation des superficies emblavées, la commercialisation abusive des ressources naturelles (produits de cueillette, fourrage, bois), la concurrence entre différents groupes sont des facteurs dont la conjugaison a contribué à rompre l'équilibre entre les prélèvement et le renouvellement des ressources[17]* ». Fort de ce constat, une définition des règles d'accès et de contrôle des ressources s'avère nécessaire afin de stopper la « *spirale de la dégradation* » ou la montée des conflits. En tant qu'arrangements locaux, élaborés par les populations elles mêmes, les conventions locales viennent constituer la potion magique.

Ce contexte justifie certainement la prédilection des conventions locales sur la gestion des ressources

---

[16] Sanoko.Ousmane « *la gestion des conflits dans les pays du Sahel* », mémoire de DEA DGCL ; 2003-2004.

[17] Serigne.M.Tall et M.B.Gueye « *les conventions locales : un outil de co-gouvernance en gestion des ressources naturelles* » IIED Sahel ; Novembre 2003 ; page 5.

naturelles et environnementales. Afin de mettre à nue les spécificités de ces conventions, nous allons procéder à une étude de cas de deux conventions locales : d'une part le POAS de la communauté rurale de Gandon (gestion ressources naturelles) et d'autre part la charte locale sur la gestion, la conservation et la protection de l'environnement et des ressources naturelles du terroir de la communauté rurale de Salémata.

Paragraphe1 Principes directeurs des deux conventions locales

L'analyse des conventions locales susmentionnées démontre que leur point de départ est d'abord un constat fait dans la plupart des cas par les populations locales du degré de dégradation de leur milieu écologique ayant des impacts directs sur leur survie ou cadre de vie. Pour y remédier, des mécanismes de gestion communautaire ont toujours existé et permettent d'organiser l'accès des ressources partagées. Toutefois, les législations foncières ont renforcé les pouvoirs des autorités étatiques, qui par leur intervention ont étouffé les stratégies de gestion de ressources naturelles. Cet état de fait a contribué à la redynamisation des stratégies communautaires que sont les conventions locales.

Dans un autre registre, les textes de la décentralisation ont favorisé l'émergence des conventions locales en donnant aux collectivités locales la capacité de constituer des cadres de concertation. En effet l'article 40 du décret 96-1134 dispose que « *la communauté rurale peut mettre en place un cadre de concertation sur la gestion des ressources naturelles et la protection de l'environnement. L'organisation, la composition et le mode de fonctionnement de ce cadre de concertation sont définis par une délibération du conseil rural.*» Dans le même ordre d'idées, l'article 16 de la loi 96-07 est invoqué par les acteurs sur le terrain pour légitimer et parfois même légaliser la mise en place des conventions environnementales. Il est stipulé dans cet article que « *le territoire Sénégalais est le patrimoine commun de la nation* » C'est sur ces bases que les 44 terroirs villageois que regroupe la communauté rurale de Salémata a mis en place une charte locale de conservation, protection et gestion des ressources environnementales et naturelles ; considérées comme le patrimoine commun de ses habitants. En effet, les principes directeurs de cette charte sont : la conscience de la diversité culturelle, la diversité et parfois la contrariété des activités et des usages en présence et la nécessité d'une convergence d'objectif entre les différents acteurs pour une gestion responsable et à long terme du milieu, du droit des générations futures à bénéficier d'un milieu de vie sain, du besoin de créer un espace de négociation afin de construire une collaboration et de parvenir à un consensus sur l'organisation d'un type de rapport à l'environnement reposant sur une démarche de protection et de conservation pour un développement durable.

Dans l'élaboration de cette charte, le conseil rural a été mis au devant du processus. L'objectif recherché était d'une part, de permettre à la population de s'approprier un mode écrit de régulation environnementale et d'autre part, favoriser la reconnaissance de droits aux populations locales, pour gérer par une gestion responsable sous l'égide de la collectivité locale ses ressources. L'intérêt est ainsi de mettre en forme un mode négocié, adopté et donc légitimé localement, tout en se calant sur la législation en vigueur, qui laisse souvent une latitude suffisamment grande aux autorités locales pour organiser un type de rapport à l'environnement adapté au contexte local. Cette charte pose les bases consensuelles d'un projet de société déterminant les contours d'un engagement sur un patrimoine naturel (parc Niokolo-Koba) commun. Il constitue la transition entre une législation nationale complexe et généraliste pour les populations et une relation d'acteurs pluriculturels intervenant sans véritable cohésion sur un environnement commun.

Evoqué pour la première fois dans le PDRG (plan directeur de la rive gauche du fleuve Sénégal), le POAS s'avère être l'instrument de gestion foncière dans le sens large du terme à la portée des collectivités locales. Afin de matérialiser cette vision théorique de l'occupation des sols, l'Etat va mandater expressément la SAED dans le cadre de sa sixième lettre de mission d'appuyer les collectivités de la vallée dans l'élaboration et la mise en place de plans d'occupation et d'affectation des sols. Le POAS de Rosso Béthio a servi d'opération pilote. L'élaboration du POAS de Gandon entre dans ce sillage et constitue pour la communauté un outil institutionnel et technique à même de l'aider à assurer une « *coordination efficiente du développement local*» par le biais de la gestion foncière. L'originalité réside dans la part importante que joue l'acteur local dans la conception, l'élaboration et la mise en oeuvre de cette convention, qui du moins est la première de ce genre.

Le processus est presque identique ; sauf qu'ici, c'est la SAED qui apporte les éclairages techniques et juridiques. Les domaines régis par le POAS sont identiques à celui de Rosso Béthio, à l'exception de la prise en compte des terrains d'habitation et l'intégration de la pêche. Fondé sur l'article 195 du CCL ; la légalité du POAS est évidente et légitimé de surcroît par l'implication des populations et du conseil rural dans le cadre des ateliers de concertation. Outil novateur par l'alliance réussie entre légitimité et légalité, les conventions locales quelques soit la dénomination retenue par les différents acteurs, ouvre la voie à la formalisation d'un droit local et enrichie notre démocratie locale.

Paragraphe2 Un cadre de concertation pour une gestion durable

L'approfondissement de l'Etat de droit, du phénomène contractuel et de la politique de désengagement des pouvoirs publics se traduit par la substitution de la concertation à l'unilatéralité. La participation des acteurs dans la détermination des stratégies de gestion et d'exploitation de leurs ressources foncières et environnementales matérialise l'effectivité de la démocratie locale. La mise en place de ces différents cadres de concertation ayant été à la base des conventions locales, trouvent leur fondement au delà des textes sur la décentralisation. En effet, l'acte final d'Helsinki[18] et la convention de Rio[19] préconisent l'implication de toutes les forces sociales conscientes de leurs responsabilités afin de contribuer à l'amélioration de l'environnement. Ces recommandations semblent avoir été prises en compte par les acteurs intervenant dans le cadre de la gestion des collectivités locales. L'analyse des deux conventions locales permet de faire un certain nombre de constats tournant essentiellement sur la participation des acteurs d'une part, et d'autre part la gestion des ressources naturelles et environnementales.

---

[18] Conférence d'Helsinki 3 juillet 1973.
[19] Conférence de Rio en juin 1992.

Dans le dessein de préservation et de protection des ressources foncières, l'implication des populations locales favorise une concertation entre des acteurs intervenant sur un milieu déterminé en permettant « *une gestion de la pluralité dans l'unité»*.Les acteurs (collectivités locales et personnes physiques ou morales) peuvent ainsi passer des contrats de gestion sur une portion de la terres ou une ressources déterminée. Cette démarche présente l'avantage de substituer la légitimité défaillante des pouvoirs publics pour une légitimité découlant de la participation des acteurs. Ayant déterminé les règles de gestion, les populations sont plus enclines à les appliquer contrairement aux lois considérées souvent comme extérieures et le plus souvent obsolètes. En dégageant et délimitant le territoire de la communauté en Zones (ZAPA, ZAPE, ZP, Zone d'habitation), le POAS de Gandon permet de dégager les priorités d'exploitation et leurs secteurs géographiques respectifs. Par exemple, en matière pastorale, dans les zones identifiées ZAPE ; la promotion du développement de l'élevage est de mise. Par la même occasion, la convention locale sert d'outil de prévention mais aussi de répression des éventuels conflits entre agriculteurs et éleveurs. La convention a prévu des commissions mixtes et paritaires placées sous l'autorité des chefs de villages, chargées d'apprécier l'entendue des dégâts et de fixer le montant des amendes.

En tout état de cause, les juridictions civiles ne sont saisies qu'après constat de l'échec des diverses tentatives de conciliation ; pour éviter de manger le tronc d'arbre sur la place publique au lieu de l'aiguille dans la case. Dans un autre registre, l'unanimité est aujourd'hui admise que la gestion des ressources foncières et de l'environnement par une participation des populations est indispensable pour l'efficacité des programmes. D'où l'émergence de conventions locales comme celle de Salémata, qui innovent en mettant en place de nouvelles règles de gestion locale en conformité avec les législations aussi bien internationales que nationales en vigueur. On assiste à l'émergence d'une véritable société civile locale. Les règles adoptées dans la convention visent une durabilité des ressources en garantissant des conditions d'exploitation qui n'hypothèquent pas leur renouvellement. Par exemple, l'article 6 de la charte locale de Salémata dispose que « *l'extraction du miel sauvage ou d'élevage doit s'effectuer sans porter préjudice à la survie de l'essaim et sans provoquer un incendie de brousse. L'abeille et l'essaim sont protégés au sein de la communauté rurale.»*

Ces modes de gestion s'inscrivent dans une vision patrimoniale des ressources qui sous entend la préservation de la capacité de régénération du milieu et de la conservation de sa biodiversité. En définitive, les conventions analysées sont des outils novateurs de gestion des collectivités locales et particulièrement dans les ressources naturelles et de l'environnement. Une critique pourrait être formulée (en attendant les appréciations générales dans la seconde partie de ce travail) ; c'est leur concentration sur les ressources foncières, faisant fie des autres compétences transférées aux collectivités locales. Cet état de fait est justifié par la place que ces ressources occupent pour les populations locales et du développement local en général.

Titre 2 : L'impact mitigé des conventions locales dans la gestion des collectivités locales

Les conventions prévues par les textes de la décentralisation ne posant de problèmes juridiques particuliers, l'appréciation des conventions locales en général sera centrée sur les conventions locales prévus dans les cadres de concertation. La raison est tout à fait simple : en effet, les conventions prévues dans le cadre de la décentralisation (intercommunalités, ententes interrégionales, groupements mixtes et d'intérêt communautaire) ne posent pas de problèmes particuliers surtout de légalité. Aussi, les conventions pratiques ou mieux dans la décentralisation quant à elles posent des difficultés d'ordre juridique même si nous admettons que le législateur les a prévus à travers l'exigence d'ouverture des cadres de concertation entre les collectivités locales et les populations locales. En vue d'apprécier les conventions locales dans la gestion des collectivités locales, l'étude de leur impact nous permettra d'abord de mettre en exergue leur portée sur tous les plans de la gestion locale **(chapitre1)** ; ensuite de relever les défis posés par ces dernières **(chapitre2)** dont le plus important s'avère être la légalité des conventions.

Chapitre1 : La portée des conventions locales sur la gestion locale

Par portée, nous entendons apprécier ces conventions locales au regard de la pertinence c'est-à-dire ce qu'elles valent dans la pratique en terme d'avantages tirés soit par les collectivités locales ou les populations elles mêmes **(section1)** d'une part, et d'autre part ses impacts positifs sur les différents aspects et contours du développement local qui intéresse à tout point de vue les acteurs à la base **(section2)**.

Section1 : La pertinence des conventions locales

Les conventions locales présentent une pertinence sans commune mesure à travers leur efficacité d'une part **(par2)** et d'autre part leur opportunité **(par1)** que les différents acteurs ne manquent jamais l'occasion de louer. Cette opportunité s'inscrit dans une triptyque de situation de dégradation des ressources, de l'échec des modes étatiques classiques de gestion locale et de la cohabitation d'une logique juridique plurielle ; tandis que l'efficacité est déduite des expériences réussies des conventions locales.

Paragraphe1 : L'opportunité des conventions locales

Trois raisons fondamentales confortent le caractère opportun des conventions locales : la dégradation des ressources, l'échec des modes de gestion étatiques et des collectivités locales, et enfin le pluralisme juridique. Dans les collectivités locales Sénégalaises ; la gestion du foncier et des ressources naturelles constitue le nerf de la guerre. Une gestion efficace est source de revenus et propulseuse du développement local. C'est ce qui justifie la prééminence des conventions locales dans la gestion du foncier. En effet, longtemps considérée comme secondaire, ou ne posant pas de problèmes spécifiques, la question de la gestion foncière devient « *cruciale dans la majorité des pays africains[20]* ». La compétition pour l'accès aux ressources s'accroît sous les effets conjugués de la croissance démographique, du renforcement de l'intégration dans les échanges marchands, de l'extension des surfaces cultivables, de la crise du pastoralisme et enfin de l'emprise croissante des élites urbaines sur les moyens de production.

Le Sénégal comme partout d'ailleurs dans les pays du Sahel se singularise par une faible pluviométrie. La disponibilité des ressources s'amoindrie d'année en année. Plus qu'une simple réduction de la disponibilité de la ressource, c'est l'irrégularité de la disposition de la ressource qui bouleverse les modes de vie des populations locales. Dans cette course effrénée vers l'exploitation de la ressource, les populations développent des mécanismes à l'image des conventions locales afin de « sécuriser les ressources » dont elles dépendent pour leur survie. Les conventions locales deviennent ainsi selon Sanoko[21] une réponse des collectivités de base aux difficultés écologiques et aux insuffisances des textes. Les activités principales que sont l'agriculture pluviale et le pastoralisme sont fortement tributaires de ces aléas ; et les populations dépendent de plus en plus des ressources naturelles soumises à très fortes pressions. Ce qui fait qu'il y a des craintes quant au potentiel de renouvellement de ces ressources alors que les besoins s'accroissent.

Le second élément fortifiant le caractère opportun des conventions locales dans la gestion des collectivités locales est consécutif à l'échec des modes de gestion étatiques appliqués par les pouvoirs locaux. En effet, tous les textes de la décentralisation et ceux relatifs à la gestion des ressources foncières ont montré leurs limites, car ignorant lors du processus l'utilisateur directe de la ressource. En renforçant le rôle et les pouvoirs des services forestiers par exemple, ils contribuent dans une certaine mesure à étouffer les initiatives communautaires seul gage d'une gestion efficace et participative. Ainsi, la mise en place des conventions locales consacre l'échec des stratégies étatiques antérieures de gestion des ressources souvent basées sur le dirigisme étatique.

Enfin, les régimes juridiques de gestion locale actuels sont marqués par les interférences entre d'une part les pratiques locales fondées sur les valeurs coutumières et sociales et d'autre part les textes législatifs et réglementaires. Devant ces logiques à la limite antinomiques à plusieurs égards, les populations sont plus enclines à appliquer les conventions locales considérées comme les mieux adaptées. Les systèmes fonciers ont leur propre dynamique et l'Etat peut les orienter ou les influencer mais ne peut jamais aller à leur contre courant. Le processus de mise en place de la convention locale de par son caractère participatif et endogène démontre l'existence de normes locales capables de régir les différents aspects de la gestion locale. L'enjeu devient donc une reconnaissance juridique de ces règles traditionnelles qui ont fait leur preuve d'efficacité.

---

[20] Ph.Lavigne Delville, «*foncier rural, ressources renouvelables et développement* » ; GRET, février 1998

[21] Sanoko Ousmane « *le règlement des conflits dans les pays du Sahel* », *mémoire DEA DGCL, UFR SJP, 2005*

Paragraphe2 : L'efficacité des conventions locales

Initiées, élaborées, et mises en œuvre par les populations locales à certaines exceptions prêtes, les conventions locales ont montré, au-delà de leur opportunité face à la dégradation des conditions de vie des utilisateurs de la ressource ; leur efficacité. C'est pour concrétiser cet état de fait au bonheur des populations que toutes les stratégies des projets de développement à la base s'accordent aujourd'hui sur l'efficacité de ces outils de gestion. Pour preuve, la récente rencontre à l'IIED de toutes les Organisations non gouvernementales afin d'harmoniser leur méthodes d'intervention à travers l'outil novateur que constitue la convention locale. En effet, la participation de toutes les couches sociales de la collectivité est le gage de cette efficacité. Considérées par les textes législatifs et réglementaires comme de simples usagers des ressources ; la convention locale vient rétablir cette injustice institutionnelle faites aux populations locales en mettant au début et à la fin de tout le processus. L'expérience des conventions locales a montré cette efficacité dans la gestion durable des systèmes économiques.

En engageant l'ensemble des partenaires, les conventions locales ont permis de jouer sur les synergies et d'obtenir l'adhésion de toutes les populations dans une gestion concertée des ressources communautaires. La réglementation par exemple de l'accès aux zones de parcours, la coupe du bois vert par les femmes et la responsabilisation des populations dans la mise en œuvre de certaines règles ont permis de redresser des situations proches d'une dégradation irréversible. Un des exemples de convention locale les plus réussies et les plus souvent citées est celle signée entre six villages maliens dans la zone de Koutiala en vue de faciliter la gestion de l'espace intervillageois appelé « Siwaa » ou brousse sèche, a permis à tous les intervenants (organismes de développement, projet de recherche ONG) d'harmoniser leur approche avec une forte implication de l'administration locale.

Cette effectivité est renforcée par l'implication dans toutes les strates de formalisation et de mise en application de la convention de la gente féminine. Elles ont été associées à la réglementation de la coupe du bois de chauffe. Il semble certain que la mise en place d'un comité inter villageois en vue de veiller à l'application des mesures arrêtées soit l'un des meilleurs moyens d'impliquer les populations. L'implication des communautés de base dans le diagnostic, la planification, l'exécution et l'évaluation des activités semble être l'une des voies les plus appropriées pour assurer une meilleure GRN. Au Sénégal, l'exemple de du POAS de Rosso est indicateur du degré d'efficacité des conventions locales surtout dans la gestion des conflits. En effet, avec l'avènement des aménagements hydro agricoles dans toute la vallée du fleuve Sénégal un bouleversement complet des habitudes tant sur les plans écologique, social, qu'économique s'est opéré. L'élevage qui constituait la première activité dans le delta du fleuve a été relégué au second plan au profit de l'agriculture irriguée ; ce qui avait comme conséquence des conflits récurrents entre agriculteurs et éleveurs. Après sa mise en place, des estimations ont montré que la fréquence avait très largement diminuée car les zones ont été bien délimitées après moult concertations.

Ces expériences mettent en relief l'existence de nombreuses capacités et de compétences en matière de gestion décentralisée des ressources naturelles tant à l'échelle d'un village qu'entre les villages. Ces compétences trouvent leur cadre d'expression au niveau du village du fait de la dépendance des populations locales à l'égard des ressources et d'une tradition qui réglemente leur accès. De plus, la convention prévoit des instances de régulation composées des représentants de toutes les couches sociales compétentes en premier ressort pour l'application des éventuelles sanctions préalablement édictées.

Section2 : L'impact des conventions locales sur le développement local

Il est généralement admis que la pérennité découlant logiquement de la pertinence des conventions locales a besoin nécessairement de présenter trois caractéristiques fondamentales que sont la légitimité, la légalité mais aussi la durabilité. C'est dernier élément postule que les populations locales puissent profiter des retombées aussi bien économiques, écologique que sociales afin de garantir la durabilité des règles négociées de gestion. Ses retombées sont généralement perceptibles d'une part sur le plan socio- économique (par1) et d'autre part sur le plan politico écologique (par2).

Paragraphe1 : Sur le plan socio-économique

L'impact des conventions locales est d'abord social. En effet, dans les collectivités locales où les conventions locales ont été mises en place (Mbadakhoune, Ndour Ndour), une transformation notable du comportement des populations a été notée. Lors du processus d'élaboration, les populations sont indexées comme étant les uniques responsables de la dégradation de leurs ressources naturelles et environnementales. Conséquemment, elles s'aperçoivent de leur utilisation inconsciente des ressources renouvelables et ainsi se sentent imbues de la mission collective de rectifier ces erreurs à travers la convention locale. Les premiers initiateurs des conventions ont été considérés comme des marginaux, mais aujourd'hui, ils sont traités en rois.

En outre, la convention locale renforce les mécanismes locaux de gestion des ressources naturelles existants et traditionnels. Elle consolide par la même occasion les connaissances locales et renforce les liens sociaux. Ceci permet de mettre en valeur la cohésion sociale et engendrer des moyens efficaces et endogènes de règlement des conflits. Du fait de la mobilisation du capital social dans la mise en oeuvre des conventions et la prise en compte des règles traditionnelles de surcroît ; la cohésion sociale se trouve renforcée à travers la revalorisation du savoir local.

Sur le plan économique, les conventions locales de par leur originalité arrivent à trouver l'équilibre difficile entre recherche de retombées économiques et sauvegarde des ressources naturelles. Ces retombées économiques sont aussi bien bénéfiques pour les populations locales que les collectivités locales. Une meilleure gestion des ressources naturelles se traduit par une diversification des revenus comme la cueillette des produits de la forêt, artisanat, petites entreprises, ayant comme corollaire d'engendrer des avantages économiques notables. Par exemple, les produits de cueillette vendus au marché hebdomadaire de Toubatoul au Sénégal ont rapporté 21 millions de Fcfa à la communauté locale[22]. Ainsi, avec le développement de la cueillette, de la riziculture, du marécage et de la commercialisation, l'exploitation des ressources engendre une rentrée impressionnante de devises

---

[22] [67] Bulletin des zones arides : peuples, politiques, programme ; n°46 mars 2004, page 12.

dans l'économie rurale. Une application effective des sanctions prévues dans la convention locale entraîne des rentrées de fonds à travers les amendes, confiscations et transactions. Durant son unique année d'exercice 2003 l'agent des eaux et forêts de Ndoffane affirme avoir prononcé une quinzaine d'amendes dont le plancher est de 25 000 et le plafond de 50 000 F CFA.

Les retombées ont aussi pour conséquence de renflouer les caisses des collectivités locales à travers le paiement de la taxe rurale ainsi que les amendes des eaux et forêts. Ceci permet aux collectivités bénéficiaires de combler leur déficit budgétaire et de répondre ainsi à l'exercice des compétences transférées et subséquemment sur le développement local. Selon Mr. Bâ coordonnateur national du programme Agriculture-Gestion des ressources naturelles « *dans certains villages où l'on a jamais pensé s'acquitter de la taxe rurale, les populations ont fini de respecter cet engagement en faisant face à leurs obligations de citoyens à part entière* [23] ». Véritable faiblesse pour la gestion des collectivités locales, les retombées financières des conventions raniment le civisme local et tendent vers l'instauration d'une société civile locale. Il est sans nul doute certain, qu'une bonne gestion des ressources à travers les conventions locales contribuerait à la réduction de la pauvreté très accrue dans le milieu rural et au développement local durable.

Paragraphe2 : Sur le plan Politico- écologique

L'implication des populations locales dans la recherche ardue d'un stade de développement durable nécessite l'ouverture de cadres de concertation gage d'une participation à tous les degrés de prise de décision. Les conventions locales viennent constituer cet outil novateur en permettant d'amorcer ce difficile dialogue entre un éventail de parties prenantes. De ce fait au double plan organisationnel et politique, les conventions locales en servant de cadre d'expression démocratique des besoins des populations par une concertation réussie entre pouvoirs publics (représentants de l'Etat), Elus locaux, Organisations communautaires de base et Organisations non gouvernementales promeuvent la gouvernance collective surtout en matière de gestion des ressources naturelles. La participation de la collectivité locale par le biais de son conseil délibérant redonne à ces élus locaux une certaine légitimité. Comme nous avons eu à le souligner dans la première partie de ce travail (sur la pratique des conventions locales) le processus d'établissement d'une Convention locale se traduit par la création ou le renforcement des institutions locales de suivi et de mise en oeuvre. Ces institutions font souvent office de médiateur entre les services de vulgarisation et d'autres organisations locales sur les questions touchant à la gestion locale. Cette répartition des rôles et responsabilité est un impératif de prévention des conflits. En fait, lorsqu'ils éclatent, ces conflits peuvent alors être réglés par des instances prévues à cet effet.

Sur le plan écologique et d la conservation de la biodiversité, les Conventions locales protègent la biodiversité par l'entremise de leur prédilection dans la gestion des ressources naturelles. L'impact le plus manifeste jusqu'ici a été la régénération du couvert d'arbres et d'arbustes et la restauration du sol

---

[23] Quotidien le Soleil « *le boum de la vente des produits forestiers fait le bonheur des populations* » publié le lundi 8 novembre 2004.

érodé par le vent. La fertilité du sol s'est également améliorée grâce à la reprise de croissance de la variété fixatrice d'azote *Acacia albida*[24]. De meilleures propriétés de conservation du sol favorisent également la capacité de rétention des points d'eau et réduit l'érosion éolienne future. Les Conventions locales facilitent une vision globale de la gestion foncière, en regroupant des secteurs différents tels que la pêche et l'aménagement des rives. La conciliation réussie entre l'exploitation et la protection des ressources participe à la consolidation d'une conscience écologique locale. Grâce aux conventions locales, certaines espèces restaurées comme le «Kadd » qui est un fixateur d'azote, ont contribué fortement à la fertilisation des sols. Quant à la faune, elle s'est enrichie avec la réapparition de certains animaux qui avaient disparus à cause de la désertification. Selon les chercheurs de l'IIED[70], l'amélioration de la qualité du sol favorise une conservation plus longue de l'eau dans les mares de même que la réduction de l'érosion. C'est le cas de Khatre Sy et Mbadakhoune.

Si nous prenons le cas du Mali, la forêt de Kelka, d'une superficie de 45000 ha, s'étend à cheval sur les cercles de Douentza et de Bandiagara, dans la région de Mopti. Treize villages d'ethnies diverses bordent cette forêt. Pour la plupart, ce sont des populations agropastorales pratiquant une agriculture pluviale et un élevage extensif. Ils sont membres de l'Association Walde Kelka. Avant l'indépendance, chaque village suivait ses règles traditionnelles d'accès aux ressources dans un contexte économique où les ressources forestières ne représentaient pas un enjeu commercial de grande importance. De l'indépendance à la transition démocratique de 1991, les principes de gestion de la forêt de Kelka ont changé avec l'avènement d'un Etat centralisateur soucieux de tout contrôler. Cette situation a conduit à un affaiblissement de l'autorité et des réglementations locales et traditionnelles. Cette période a d'autre part vu l'émergence d'une exploitation commerciale de bois mort dans la forêt de Kelka qui participe à la lutte contre la désertification et l'amenuisement de la pauvreté.

De surcroît, la mise en oeuvre de ces pratiques endogènes s'accompagne souvent de la mise en place de cadre pour assurer le suivi. De la consolidation de ces organisations, résultent des instruments opérationnels de GRN à l'échelle locale. Leurs membres, souvent assimilés à des agents relais des services des Eaux et Forêts, jouent le rôle de médiateurs écologiques. Ceci a beaucoup amélioré les rapports entre les services techniques et les organisations locales de GRN et une meilleure collaboration de l'administration avec les partenaires au développement.

En définitive, les conventions locales débouchent le plus souvent sur la naissance d'une vision globale de l'aménagement local par l'intégration de différents secteurs comme la pêche et l'aménagement des berges. Cette approche innovante du développement local intégrant la dimension écologique conforte notre hypothèse de départ sur le caractère original et opportun des conventions locales qui du moins ont fait et continuent à faire leurs preuves d'efficacité.

Chapitre2 : Les défis des conventions locales

Les conventions locales au-delà de leur efficacité ne sont pas tout à fait exemptes de critiques ayant trait à des difficultés d'ordre juridique et d'autres d'ordre pratique. Tous les spécialistes des conventions

---

[24] Bulletin des zones arides : peuples, politiques, programme ; n°46 mars 2004, page 12

locales s'accordent sur le constat qu'elles présentent des limites sur tous les plans : juridique, méthodologique, politique, social, économique. De même, lors des différentes étapes d'élaboration et de mise en oeuvre des dites conventions locales, des critiques sont formulées sur l'effectivité de ces dernières dans la réussite du pari de légitimité symbolisant les accords locaux. Les plus virulentes critiques adressées à l'encontre des conventions locales sont afférentes à leur régime juridique. En effet, lorsque certains estiment la légalité des conventions locales, d'autres affirment leur caractère illégal. Un débat intéressant à tout point de vue dans la mesure où, tous les arguments pertinents se valent même si de notre côté, nous estimons la légalité des conventions qui respectent les règles de procédures telles que déterminées par les textes sur la décentralisation et ceux de la gestion des ressources naturelles au Sénégal. Une systématisation des diverses critiques nous permet d'en retenir principalement deux : celles qui sont d'ordre général **(section1)** et celle d'ordre spécifique **(section2)** à savoir la problématique du fondement juridique des conventions locales.

Section1 : Les difficultés d'ordre général

Nous entendons par difficultés d'ordre général, celles qui sont consécutives à toutes les conventions locales et formulées par la plupart des acteurs intervenant dan le cadre du développement local. Elles sont généralement observées lors de la conception (par1) d'une part, et d'autre part dans la mise en œuvre (par2).

Paragraphe1 : Lors de la conception des conventions locales

Dans le cadre de la mise en place des conventions locales, des contraintes de divers ordres se dressent et annihilent le caractère original des conventions dans la gestion locale. Tous s'accordent sur les limites purement méthodologiques qui faussent l'approche dans le choix d'une échelle pertinente. Pour dire qu'un débat s'instaure sur l'échelle à privilégier (villages, communautés rurales, communes, régions). La pratique démontre que la structure villageoise est privilégiée au détriment des collectivités locales. Toutefois certaines conventions locales tentent de couvrir les circonscriptions administratives même si les contours tels qu'appréhendés par les populations locales n'épousent pas toujours la réalité étatique. Un autre problème se pose s'agissant de la reconnaissance d'une personnalité juridique au village comme structure sociale. Ceci aurait permis dans une certaine mesure de réussir le pari de la participation de toutes les couches de la population. En effet, malgré le discours sur la participation plusieurs processus aboutissent à une « *instrumentalisation des populations*[72] ». Aussi, il a été constaté que certains groupes sociaux sont marginalisés parmi eux, les femmes et les étrangers (ex : éleveurs transhumants).

Les conventions locales reposent en de termes certes nouveaux les démarches d'élaboration. Ainsi, généralement tributaires du contexte local, elles expriment les rapports de force entre acteurs aux enjeux souvent divergents. Elles doivent de ce fait matérialiser la légitimité du groupe. C'est pour cette raison que la méthode participative lors de la phase diagnostic facilite une « *meilleure appropriation du processus par les populations*[25] » Même si cette procédure retarde le processus d'établissement de la convention locale, force est de noter la nécessité d'une prise en compte des aspirations des différentes composantes de la collectivité. Dans un autre registre, les conventions locales sont un exemple pertinent de mise en oeuvre des compétences transférées. En fait, lorsque le code des collectivités locales dispose que les collectivités déterminent des cadres de concertation, cela a pour conséquence l'implication et pourquoi pas l'initiation par le conseil rural de convention en matière de gestion des ressources naturelles. Toutefois, ces dernières sont confrontées au manque de moyens, limitant ainsi toute initiative de la collectivité locale tendant à la mise en place des conventions. C'est pour ces raisons que beaucoup de communes et de communautés rurales ont des difficultés afin d'apporter l'appui nécessaire aux initiatives locales en matière d'élaboration.

Dans le contexte de décentralisation, il est indispensable que les collectivités locales s'impliquent activement dans l'élaboration des conventions locales seul gage de légalité (sur laquelle nous allons revenir dans la seconde section). Bref, nous pouvons retenir que les conventions locales posent des difficultés dans la phase de conception et qui se manifestent par une instrumentalisation des populations locales et la marginalisation de certaines couches de la société en sus de la non implication des collectivités locales. Ce constat est conforté par la place prépondérante occupée par les organismes de développement local. Pour preuve, la majorité des conventions locales signées au Sénégal ont été initié et conceptualisé par des ONG telles que l'IIED (convention de Mbadakhoune, Keur Baka, Salémata, charte du domaine irrigué). Cette intervention d'acteurs différents comme initiateur des conventions constitue un frein à la pertinence des conventions. En effet, chaque acteur ayant sa propre approche, une floraison de conventions différentes dans l'approche et le contenu risque à terme de créer une véritable anarchie textuelle ; compliquant encore plus la compréhension des populations locales. Il est temps que les acteurs se réunissent pour élaborer des conventions cadres mais flexibles afin de les adapter au contexte de temps et de lieu sur lesquels ils auront à intervenir. L'initiative des experts Sénégalais lors de la conférence de Bamako, de créer un Réseau National sur les Conventions locales est louable à tout point de vue. Ainsi, il permet de capitaliser les expériences de chacun afin de former une synergie d'actions pour une cohérence dans leurs différentes interventions.

Qu'en est-il lors de la mise en œuvre et du suivi -évaluation ?

Paragraphe2 : Lors de la mise en œuvre des CL

Après l'étape de la conception des conventions locales, arrive la phase la plus importante composée de la mise en œuvre et du suivi évaluation. Des critiques sont soulevées à l'encontre des conventions. En

---

[25] Serigne.M.Tall et M.B.Gueye « *les conventions locales : un outil de co-gouvernance en gestion des ressources naturelles* » IIED Sahel ; Novembre 2003. Page 24.

effet, mises en place pour une gestion durable des ressources et du règlement des conflits, les conventions sont souvent peu appliquées[26]. Ce constat se justifie par la multitude d'acteurs qui s'intéressent à la ressource et qui pourtant ne sont pas tous toujours enclins à se laisser appliquer la convention. C'est-à-dire que la force obligatoire de la convention qui est souvent limitée à une collectivité donnée (village, groupe de villages, communauté rurale,) est relative, car certaines populations surtout les étrangers (transhumants) refusent parfois de se faire appliquer des accords auxquels ils n'ont pas été partie prenante lors de la conclusion. De même, certaines autorités refusent parfois de ratifier les documents signés par les populations (nous y reviendrons dans la problématique du fondement juridique des conventions). En outre, la non maîtrise des différentes clauses par les populations, la faiblesse de la vulgarisation à l'échelle locale et la non fonctionnalité des mécanismes de suivi (qui ne sont pas souvent financièrement intéressées) sont un réel blocage pour l'applicabilité des conventions. Par ailleurs, il convient de souligner que lorsque les populations s'engagent dans un processus de convention, c'est souvent pour protéger leurs ressources contre les exploitants extérieurs. Cela soulève encore une fois la problématique de la force contraignante de la convention locale. Le PAPEL a essayé de combler cette lacune en instituant des comités chargés d'accueillir les transhumants dans les UP (Unités Pastorales) ; afin de les expliquer le contenu des règles des conventions locales.

Sur le plan du suivi évaluation, la précarité des mécanismes est souvent décriée. En effet, le suivi souffre de l'insuffisance et l'indisponibilité continue de chargés de conseil qui pourraient en cas de besoin apporter les éclairages nécessaires. Ce manquement est corrigé par la SAED, qui lors de l'élaboration et la mise en œuvre des plans d'occupation et d'affectation des sols constitue une équipe de juristes chargés d'apporter les éclairages juridiques à toutes les étapes du processus. Ceci permet de vulgariser le contenu de la convention pour son accessibilité à toutes les couches de la population. De même, cela constitue un gage pour l'effectivité dans l'application des règles édictées. Enfin, les limites sont également liées à des contraintes financières. Certains soulignent que la plupart des programmes de développement local ont des cycles de financement trop court (3 à 5 ans) ; et des exigences par rapport aux résultats très contraignants pour permettre aux populations de développer les capacités requises de gestion de leurs ressources naturelles.

Toutes ces contraintes relevées justifient les limites soulevées tant dans l'élaboration, la mise en œuvre et le suivi des conventions locales. Elles sont méthodologiques, juridiques, faible vulgarisation, ineffectivité, entraînant parfois des conflits entre utilisateurs de ressources. Mais de toutes ses contraintes, c'est le flou entourant le fondement juridique des conventions locales qui semble être à l'origine de leur précarité. D'où cette exigence d'apporter la lumière sur la problématique de l'assise juridique des conventions locales.

---

[26] Lavigne Delville « *Quelle gouvernance pour les ressources renouvelables* »- in La gestion des ressources renouvelables dans le contexte de la décentralisation en Afrique de l'Ouest, Etude AFD, GRET, ronéo, Paris 2001.

Section2 : Problématique de l'assise juridique des CL

La problématique majeure posée par les conventions locales est principalement leur assise juridique. En effet, peut-on permettre dans un Etat unitaire même décentralisée que des populations puissent prendre des règles faisant office de loi dans des collectivités géographiques données ? C'est tout le sens et l'intérêt de la controverse sur le caractère légal ou illégal des conventions locales. Après avoir exposé les termes de la controverse (par1), nous tenterons de montrer la nécessité pour les pouvoirs publics de trouver une articulation réussie entre légitimité et légalité (par2) afin de lever définitivement le flou juridique dans lequel se retrouvent très souvent les dites conventions.

Paragraphe1 : Les termes de la controverse

La principale problématique posée de manière spécifique par les conventions locales est la question de leur légalité. Sont-elles un compromis juridique ou u contournement de la loi ? Jusqu'à quel degré les textes en vigueur au Sénégal accordent ils la possibilité aux acteurs locaux de mettre en place des dispositions à caractère réglementaire ? Pour décortiquer cette nébulosité juridique, il serait intéressant de poser les termes de la controverse à travers d'une part l'argumentaire de ceux qui postulent la validité des conventions locales d'une part, et d'autre par les négationnistes des référents juridiques. La notion fait l'objet de «*pédalages conceptuels*»[27] laborieux car chacun s'ingéniant à l'accorder à ses propres visions et objectifs. Pour les partisans de la thèse d'une validité juridique des conventions locales, l'ère de la décentralisation ouvre la brèche à une participation des populations dans le processus de développement local particulièrement dans la gestion des ressources naturelles et environnementales. Symbolisée par le principe constitutionnel de la libre administration des collectivités locales, les conventions entrent donc logiquement dans cette prescription.

Les partisans de la légalité des conventions locales se fondent entre autre texte sur le code forestier[28] qui dispose dans l'article R14 que : « pour *les forêts relevant de leur compétence, les collectivités locales élaborent ou font élaborer des plans d'aménagement.* » Ainsi, rien ne s'oppose à ce que la collectivité locale confie par contrat aux populations, le soin d'élaborer des plans d'aménagement et de gestion des dites parcelles. La durée d'application est, aux termes de l'article R16 du code forestier comprise entre dix et vingt- cinq ans. Ce plan doit, aux termes de l'article R11, comprendre le programme des coupes à exploiter c'est-à-dire (nature, assiette, périodicité et quotité en volume ou en surface, ainsi que les travaux de régénération), le programme des travaux d'amélioration sylvicole (nature, assiette, importance, estimation et époque de réalisation). De même, au terme des articles R 32 et R 33 ; les collectivités locales peuvent également conclure des contrats de culture avec un tiers dans les forêts relevant de sa compétence. Ces tiers peuvent être constitués par les populations locales de façon individuelle ou collectivement à travers une association. Cet état de fait est juridiquement conforté par l'article 3 alinéa 2 de la loi 96-06 portant code des collectivités locales qui

---

[27] Djiré Moussa « *les conventions locales au Mali : une grande nébuleuse juridique et un pragmatisme en GRN* », IIED 2004 ; page 5.

[28] *Loi n° 98-03 du 8 janvier 1998 portant Code forestier.*

dispose que : « ... *elles associent en partenariat, le cas échéant, à la réalisation des projets de développement économique, éducatif, social et culturel, **les mouvements associatifs** et **les groupements à caractère communautaire.***» Les populations peuvent donc en utilisant ces créneaux juridiques mettre en place des conventions locales tout à fait légales.

Ces arguments parmi tant d'autres brandis par les défenseurs des conventions locales sont écartés par les négationnistes. Les plus acerbes critiques viennent de Dicko[29]qui souligne que des pratiques erronées administrativement se font dans le processus d'élaboration des conventions locales notamment la signature des autorités déconcentrées et décentralisées. L'auteur fonde cette affirmation essentiellement sur deux arguments : d'abord, la convention locale étant un engagement entre groupes sociaux acceptant de se soumettre selon certaines modalités à des règles de conduite ; la collectivité locale n'étant pas partie prenante aux clauses, rien ne justifie la signature de l'exécutif local. Ensuite, il rappelle que la tutelle administrative porte non pas sur les organisations locales mais plutôt sur les organes territoriaux ; en d'autres termes, la convention locale ne constitue pas un acte ressortissant du champ des actes soumis à l'approbation. Les plus radicaux des thésards de l'illégalité des conventions locales se fondent sur le régime général des obligations (article 47 du COCC Sénégalais) qui énonce quatre (4) conditions pour la validité des contrats : la capacité juridique, le consentement, un objet et une cause licite. Si nous prenons une seule de ces conditions par exemple la capacité de contracter et en suivant la logique de Dicko, nous pouvons affirmer l'illégalité des conventions conclues par les villages qui ne bénéficient pas d'une personnalité juridique. Dans ce même ordre d'idée, comment expliquer la mise en place de normes à caractère réglementaire par des organismes privés (sous convention) ?

Ces critiques sont juridiquement fondées ; toutefois, nous estimons que toutes les conventions locales ne sont pas illégales dans la mesure où certaines sont expressément prévues par les textes de lois (ex : plans d'occupation des sols). Le noeud du problème se trouve dans le respect des règles de forme et de fond ainsi que du principe de légalité (interne et externe). Si nous nous référons aux textes de la décentralisation, le code prévoit l'ouverture de cadres de concertation (article 14 du décret 1134 portant transfert des compétences) afin de planifier et d'harmoniser les politiques de gestion des ressources naturelles et environnementales. Les principes de base de ce décret rappelle dans l'article 3 alinéa 4 et 5 que : « *les collectivités locales veillent à la protection et à la gestion des ressources naturelles et de l'environnement. Elles suscitent la participation de tous les acteurs dans le strict respect des principes, des orientations, des options techniques et de la réglementation en vigueur. Les collectivités locales développent une **approche intégrée et participative**, favorisent l'interdisciplinarité, et exercent leurs compétences sur la base de plans et schémas.*» Remarquons néanmoins, qu'aucunement il n'est fait référence à la possibilité pour les populations locales de signer des conventions locales. Cependant, seule la collectivité locale est habilitée à gérer les ressources naturelles en faisant participer les utilisateurs de la ressource. Ce qui délimite implicitement la procédure d'élaboration d'une convention

---

[29] Dicko A. K « *Les conventions locales comme cadre de référence pour l'exercice des compétences des acteurs de la décentralisation dans la GRN au Mali* », Rapport d'étude, GTZ, Bamako, 2002 ; page 18.

locale. Pour nous, la convention locale peut être élaborée et acceptée par les populations elles mêmes ; mais elle n'entre dans l'ordonnancement juridique afin d'être exécutoire qu'après avoir fait l'objet d'une délibération du conseil local et l'approbation du représentant de l'Etat. C'est la procédure qui est suivie par la SAED (POAS de Rosso et de Gandon) et le PAGERNA (Convention de Mbadakhoune). Dès lors, ce document devient un acte administratif et donc fait force de loi dans les limites géographiques de la localité.

Les diverses tendances remettant en cause la légalité des conventions locales visent à les enfermer dans un cadre juridico institutionnel officiel. Cette démarche met la loi au sommet de l'architecture des normes juridiques en appréciant les conventions à partir de pré- requis juridiques qui sont des énoncés généraux, non contextualisés. Une approche socio anthropologique nous apprend cependant que le droit est un système en constante interaction avec les autres sous systèmes sociaux. Cette vision se fonde sur l'idée que le droit n'est pas uniquement des règles explicites, codifiées et sanctionnées par l'Etat ; « *mais aussi des phénomènes concrets qui peuvent être saisis par l'observation directe[30]* » Ils prônent à l'opposé du monolithisme juridique la prise en compte de ce pluralisme juridique qui fait la spécificité des sociétés africaines. Et dans cette optique, la légitimité des conventions locales suffit à leur donner une force juridique surtout au niveau local où les règles traditionnelles continuent toujours de réglementer la gestion des ressources naturelles. Cependant, poussée à l'extrême, cette vision anthropologique risque de déboucher vers une anarchie. Car l'individu se trouve pris dans un dualisme de régime (légalité étatique et légitimité traditionnelle) et serait tenté en cas de nécessité, de faire recours à un des systèmes de normes en fonction de ses valeurs et intérêts. D'où cette nécessité d'harmoniser le système en conciliant la légalité, la légitimité et la pratique par un rendez vous réussi.

Paragraphe2 Pour une articulation réussie entre légitimité et légalité

Cette problématique de la légalité ou non des conventions locales de gestion des ressources naturelles est la question et même l'unique question à la quelle les acteurs intervenant dans le développement local n'arrivent toujours pas à élucider à cause des diverses approches proposées par les uns et les autres selon leur formation (juriste positiviste, anthropologue, sociologue, géographe etc.), leur conviction et parfois même par des intérêts purement personnels. Il est loisible (et c'est ce qui fait la spécificité de la science) pour chaque spécialiste d'essayer d'apporter un certain contenu à un concept nouveau dont il serait appelé à utiliser lors de ses interventions sur le terrain. Malgré tout, certains gardes fous existent et ont pour nom : principes généraux de droit, textes législatifs et réglementaires, jurisprudence etc. Force est de noter cependant que les conventions locales soulèvent la problématique récurrente du pluralisme juridique qui caractérise la société Africaine et Sénégalaise en particulier. En fait, nous avons d'une part des règles traditionnelles bénéficiant d'une légitimité absolue mais dont la légalité est méconnue par le droit positif ; et d'autre part, des textes de lois présentant une légalité certaine sans bénéficier d'une légitimité. Ces deux tendances aux méthodes et règles opposées à tout bout de champ mettent les populations devant un dilemme. Et tout bonnement, il faut souligner l'existence quotidienne de règles négociées dans la vie courante des populations locales surtout dans

---

[30] Rouland N. « *Anthropologie juridique* », Paris, Puf, 1998 ; 496 p.

la gestion environnementales et des ressources naturelles.

C'est pourquoi nous pensons qu'afin de trouver l'équilibre pour cette articulation par, soit une combinaison, soit une phagocytose de l'un des ordres par rapport à l'autre ; le juriste doit suivre le conseil de Barrière Olivier[31] qui avoue que lors d'une recherche, le juriste : « *Dans un premier temps, et tout naturellement, c'est le droit posé par l'Etat qui constitue pour lui une source de préoccupation. Il s'intéresse d'une façon simultanée à la doctrine et aux décisions de justice (tribunaux et cours), en évalue l'importance, la pertinence. Il s'applique en outre à dégager les contours du droit prétorien reflétant l'importance de l'intervention du juge dans la création du droit. S'il aborde la science administrative, il s'interroge rapidement sur l'investissement de l'administration dans l'application des textes qui ont été adoptés par le législateur national et sur son degré d'application « sur le terrain ». A ce stade un malaise risque fort de l'envahir : notre juriste curieux commence à pressentir une distance réelle entre ce droit qualifié de positif, que "nul n'est censé ignorer", ce qui justement fait ressortir un certain niveau de fiction et l'univers vivant de la réalité juridique. La frustration ne fait qu'empirer lorsque, pour dégager les limites de ce droit, formalisé et imposé par l'Etat, il se trouve confronté à l'effort de s'imprégner de la vie sociale. Le franchissement de ce « rubicond » du champ juridique exprime la volonté d'aller aux confins du droit, en s'adonnant à l'étude des processus de « juridicisation » propres à chaque société* ».

Ainsi, avec ce sage conseil, nous entrevoyons deux solutions : soit la réglementation étatique (textes sur la décentralisation, les ressources, l'environnement etc.) reconnaissent la force juridique aux règles instaurées par les populations locales ; soit les règles locales se conforment à la législation. Ce dernier cas est plus difficile à réaliser pour une raison évidente à savoir l'impossibilité matérielle (même si c'est faisable si le droit est fait pour la société c'est-à-dire la codification des règles sociétales) d'intégrer toutes les pratiques dans la législation. Il s'avère nécessaire d'apporter là aussi une précision dans la mesure où, il existe à notre avis trois types de conventions locales susceptibles d'être considérées comme illégales.

D'abord celles qui sont élaborées par les populations dont le conseil local s'est approprié par le biais d'une délibération et approbation du représentant de l'Etat. Ensuite celles qui sont élaborées par les populations sans intervention du conseil local mais qui sont appliquées dans la localité tout de même. Et enfin celles qui sont prévues par les compétences transférées (gestion des ressources naturelles et de l'environnement par exemple le plan d'occupation et d'affectation des sols, plans ou schémas d'action pour l'environnement, aménagement et gestion des forêts etc.) nécessitant la participation des populations par le biais des cadres de concertation. Ces dernières sont confortées par les articles 14, 15 pour la région ; 39, 40 et 43 pour les communautés rurales du décret 96-1134 portant transfert de compétences.

S'agissant des premières, il suffit qu'elles respectent les critères d'une convention locale (organique, matériel et formel) afin de signer leur acte de naissance en bonne et du forme dans l'ordonnancement

---

[31] Barrière Olivier « *Vers la définition d'un nouveau droit de l'environnement africain* » Février 2001 ; LAJP. Page 1.

juridique. C'est-à- dire que la convention doit être prise par une collectivité locale, dans des compétences relevant des attributions des collectivités locales (générales et transférées) après délibération et approbation du représentant de l'Etat. Pour les secondes, ce sont des populations en tant que particuliers qui ont accepté des règles de gestion contenues dans un convention ; cependant à défaut d'une réforme de la législation actuelle du droit des collectivités locales, elles sont et restent illégales au regard des pouvoirs publiques même si par un contournement juridique elles se constituaient en association, ces règles ne pourront s'appliquer qu'aux parties prenantes de la dite convention (donc un banal simple contrat). Concernant la troisième catégorie, les collectivités ne se trouvent nullement dans l'obligation de mettre en place des cadres de concertation car le législateur a utilisé le verbe « *pouvoir* » et non « *devoir* ». En atteste par exemple le libellé de l'article 16 du décret 96-1134 qui dispose que « *pour l'élaboration de ces plans ou schémas, la région **peut** s'appuyer sur le cadre de concertation visé à l'article 14* ... » Il suffit dans ce cas de figure que la collectivité locale à qui est dévolu la possibilité de mettre en place des cadres de concertation de faire participer ces derniers dans le processus. Ainsi, l'absence de participation des cadres de concertation peut être interprétée comme un vice de procédure avec ses conséquences sur le plan administratif (contrôle de légalité du représentant de l'Etat) et contentieux.

Afin de trouver le juste milieu, nous proposons d'abord la reconnaissance des règles de gestion locale et leur intégration effective et expresse dans le corpus juridique du droit des collectivités locales avec la définition des rôles de tous les acteurs (collectivités locales, Etat, ONG, populations). Ensuite, la mise en place d'un code foncier qui contiendra toutes les règles d'accès, de gestion et de contrôle des ressources foncières à partir des modes de régulations déterminées par les utilisateurs de ressources dans le maintien de l'unité nationale et de la sécurité juridique.

Conclusion

Au terme de cette étude, nous avons pu relever le régime juridique des conventions locales prévues dans le cadre de la décentralisation qui postule que les collectivités peuvent entretenir des rapports de collaboration aussi bien entre elles (intercommunalités, interrégionalité, groupements mixtes et groupements d'intérêts communautaire) qu'avec l'Etat (conventions types d'utilisation des services extérieurs). En outre, les populations locales en tant qu'utilisateurs de la ressource élaborent des règles d'appropriation et de gestion des ressources dont dépend leur survie quotidienne. Ces règles appelées conventions locales ou accords locaux de gestion des ressources naturelles posent des problèmes de légalité au regard de la législation Sénégalaise. Tout de même, la participation des populations à la gestion de leurs propres ressources est un principe fondamental constamment rappelé par tous les textes aussi bien nationaux qu'internationaux de gestion des ressources naturelles. Ainsi, ce outil de gestion constitué par la convention locale est novateur à plus d'un titre et ; sa pertinence, son opportunité, et son efficacité ont été démontré sur tous les plans et pans du développement local. Cependant, il se pose essentiellement la problématique d'une assise juridique des conventions en particulier celles qui sont élaborées et exécutées par les populations elles mêmes sans l'aval ou la couverture du conseil local. Ceci pose encore une fois l'opposition classique entre légitimité et légalité, droit traditionnel et droit positif, régulation coutumière et régulation étatique etc. les conventions locales ont suscité et continue de susciter un débat doctrinal sur leur légalité.

Nous estimons quant à nous l'existence de trois types de conventions locales susceptibles d'être regardées comme illégales (dans la forme, procédure, le domaine, la compétence, force juridique, etc.). D'abord, celles qui sont prévues expressément par le décret 96- 1134 portant transfert de compétences , celles qui peuvent être prises dans les cadres de concertation et enfin celles élaborées par les populations et frôlant à la limite l'illégalité lorsqu'elles ne sont pas avalisées par le conseil local. Mais force est de noter la difficulté qu'il y a à circonscrire les conventions locales surtout pour un positiviste ; d'où l'intérêt de la cerner dans une approche socio anthropologique afin de concilier les impératifs de la légalité aux exigences de la légitimité. Pour l'heure, deux voies doivent être explorées : d'une part, l'intégration des conventions locales dans les textes juridiques de manière explicite afin de concrétiser cette vision de la participation énoncée dans toute la législation sur les collectivités locales ; d'autre part, une harmonisation des approches de tous les différents acteurs utilisant les conventions locales comme outil de gestion des ressources et de règlement des conflits.

Le défi de l'heure est donc leur reconnaissance et leur intégration dans l'ordonnancement juridique. Pour ce faire, une modification des textes de la décentralisation s'impose, surtout dans la recherche d'une échelle pertinente. En effet, nous pensons qu'il est temps pour le Sénégal, de faire du village ou d'un ensemble de villages une échelle pertinente pour le développement local. Ce degré de décentralisation permettra une meilleure implication des populations et leur participation effective dans la gestion locale par le biais des ressources naturelles. De même, la mise en place d'un code foncier s'avère indispensable afin d'avoir dans un seul texte toute la législation foncière.

Bibliographie :

1. Ouvrages, Rapports et Travaux universitaires

Barrière Olivier « *Vers la définition d'un nouveau droit de l'environnement africain* » Février 2001 ; LAJP.

Cissé.Gorgui. «*les conventions locales à l'épreuve de la décentralisation* » mémoire de Maîtrise UFR SJP, UGB 2003-2004

CTA, « *La gestion des sols par les populations locales : expériences et réussites en Afrique sub-saharienne* » Actes du séminaire de Bamako, Mali, 9-14 novembre 1998. 222 p.

Diallo Ibrahima « *Les aspects juridiques de la convention locale dans le cadre de la décentralisation au Sénégal* » (une communication à l'atelier national de Kaolack sur les conventions locales du 17 au 18 juin 2003)

Dicko A. K « *Les conventions locales comme cadre de référence pour l'exercice des compétences des acteurs de la décentralisation dans la GRN au Mali* », Rapport d'étude, GTZ, Bamako, 2002

Diop. A.Khadre « *Décentralisation, développement local et gestion des ressources foncières* : cas de la communauté rurale de Rosso Béthio

Djiré Moussa « *les conventions locales au Mali : une grande nébuleuse juridique et un pragmatisme en GRN* » ; IIED 2004

Gorgui A. Diouf séminaire- atelier organisé dans le cadre du programme d'appui aux régions. Inédit

Lavigne Delville « *Quelle gouvernance pour les ressources renouvelables* » in La gestion des ressources renouvelables dans le contexte de la décentralisation en Afrique de l'Ouest, Etude AFD, GRET, ronéo, Paris 2001. Rouland N. « *Anthropologie juridique* », Paris, Puf, 1998 ; 496 p.

LAVIGNE DELVILLE Ph., TRAORE S. et TOULMIN C. (Sous la direction de), *Gérer le foncier rural en Afrique de l'Ouest, Dynamiques foncières et interventions publiques*, Karthala- Ured, 2000, 357 p.

le foncier rural en Afrique de l'Ouest, Dynamiques foncières et interventions publiques, Paris, Karthala/URED/Coopération française, 2000. pp. 249-269. CILSS, « *Foncier Rural et Développement Durable au Sahel et en Afrique de l'Ouest* » Document de synthèse régionale du forum régional Praia+9 :, Bamako, 17-21 novembre 2003.

Leroy. Etienne. « *L'appropriation de la terre en Afrique* », Paris, Karthala, 1998

Marie-Christine, B.Gelabert, Patrick Labia « *Intercommunalités mode d'emploi* » ; Mémentos du Maire collection dirigée par Joël Bourdin, Economica 1992

Ph.L. Delville « *Foncier rural, Ressources renouvelables et développement* » ; GRET février 1998

Ph.Lavigne Delville, «*foncier rural, ressources renouvelables et développement* » ; GRET, février 1998

Sanoko.Ousmane « *La gestion des conflits dans les pays du Sahel* », mémoire de DEA DGCL ; 2003-2004. UGB.

Serigne.M.Tall et M.B.Gueye « *les conventions locales : un outil de co- gouvernance en gestion des ressources naturelles* » IIED Sahel ; Novembre 2003

Thierry Michalon « *la décentralisation, les régimes d'administration locale* », ADELS, 1988 ;

TRAORE S. « De la divagation des champs ; difficultés d'application d'un principe coutumier de gestion partagée de l'espace pastoral au Ferlo (Sénégal) » in LAVIGNE DELVILLE Ph., TRAORE S. et TOULMIN C. dir. *Gérer*

2. Textes juridiques

l'Agenda 21 de la Conférence des Nations Unies sur l'environnement et le développement (Rio, 1992) ;

la déclaration de Rio sur l'environnement et le développement (juin 1992)

la Convention sur la diversité biologique, Rio de Janeiro, 3-14 juin 1992

la stratégie mondiale de la biodiversité (WRI/UICN/PNUE, 1994)

la Résolution 28 C/2.4 de la Conférence générale de l'UNESCO (novembre 1995) approuvant la stratégie de Séville et adoptant un cadre statutaire du Réseau mondial de réserves de biosphère MAB

Loi n° 64-46 du 17 juin 1964 relative au domaine national. JORS n° 3690 du 11 juillet 1964.

Loi n° 72-25 du 19 avril 1972 relative aux communautés rurales. JORS N° 4224 du 13 mai 1972. p.755, ABROGEE.

Loi n° 81-13 du 4 mars 1981 portant Code de l'eau.

Loi n° 86-04 du 24 janvier 1986 portant Code de la chasse et de la protection de la faune.

Loi n° 96-06 du 22 mars 1996 portant Code des collectivités locales. JORS du 25 janvier 1986.

Loi n° 96-07 du 22 mars 1996 portant transfert de compétences aux régions, aux communes et aux communautés rurales.

Loi n° 98-03 du 8 janvier 1998 portant Code forestier.

Loi n° 2001-01 du 15 février 20001 portant Code de l'Environnement.

Décret n° 86-844 du 14 juillet 1986 portant application de la loi portant Code de la chasse et de la protection de la faune.

Décret n° 87-720 du 4 juin 1987 portant reversement de certaines zones pionnières dans les zones de terroir. JORS du 20 juin 1987.

Décret n° 96-1134 du 27 décembre 1996 portant application de la loi de transfert de compétences aux régions, aux communes et aux communautés rurales en matière d'environnement et de gestion des ressources naturelles. Décret n° 98-164 du 20 février 1998 portant application de la loi portant Code forestier.

Décret n° 2001-282 du 12 avril 2001 portant application de la loi portant Code de l'Environnement.

Décret 2004-1093 du 04 août 2004 portant création de la Communauté des Agglomérations de Dakar (CADAK)

Décret 2004-1122 du 05 août 2004 portant création d'un groupement d'intérêt communautaire entre les communautés rurales du département de Bakel

Décret 2004-1094 du 04 août 2004 portant création de la Communauté des Agglomérations de Rufisque (CAR)

Décret 2004-1095 du 04 août 2004 portant création d'un groupement d'intérêt communautaire entre les communautés rurales dans les départements de Podor, Sédhiou, Kolda et Bignona

3. Conventions locales

Convention locale de Mbadakhoune

Convention locale de Ndiebel

Règles d'occupation et d'affectation des sols dans la communauté rurale de Gandon

Code de conduite dans la communauté rurale de Salémata

Plan d'occupation et d'affectation des sols dans la communauté rurale de Rosso Béthio

PROPOSITION

D'une charte locale sur la gestion, la conservation et la protection de l'environnement et des ressources naturelles du terroir de la communauté rurale de Salémata

CONVENTION LOCALE D'ENVIRONNEMENT DE LA COMMUNAUTE RURALE DE SALEMATA

Les Conseillers Ruraux, les Chefs de village, les représentantes des femmes et les représentants des jeunes, ensemble représentant les populations de la communauté rurale de Salémata

Dans le cadre législatif national,

Vu

- La Constitution de la République du Sénégal du 7 mars 1963 révisée le 2 mars 1998 ;

- Le code des obligations civiles et commerciales, dans ses articles 96 & 97 ;

- la loi n°64-46 du 17 juin 1964 relative au domaine national ;

- le décret n°64-573 du 30 juillet 1964 fixant les conditions d'application de la loi n°64-46 du 17 juin 1964

relative au Domaine National ;

- la loi n°76-66 du 2 juillet 1976 portant Code du domaine de l'Etat ;

- la loi n°96-06 du 22 mars 1996 portant Code des Collectivités locales ;

- la loi n°96-07 du 22 mars 1996 portant transfert de compétences aux régions, aux communes et aux communautés rurales ;

- le décret n°96-228 du 22 mars 1996 modifiant le décret n°72-636 du 29 mai 1972 relatif aux attributions

des chefs de circonscription administrative et des chefs de village ;

- le décret n°96-1134 du 27 décembre 1996 portant application de la loi portant transfert de compétences aux régions, aux communes et aux communautés rurales, en matière d'environnement et de gestion des ressources naturelles ;

- la loi n°98/03 du 08 janvier 1998 portant code forestier ;

- le décret n°98/164 du 20 février 1998 portant application du code forestier ;

- le décret n°96-572 du 9 juillet 1996 fixant les taxes et redevances en matière d'exploitation forestière ;

- la loi n°86-04 du 24 janvier 1986 portant code de la chasse et de la protection de la faune ;

- le décret n° d'application du code de la chasse et de la protection de la faune ;

- l'arrêté ministériel n°10661 ME-DEFCCS du 30 novembre 2000 fixant les modalités d'exercice de la chasse pour la saison cynégétique 2000/2001;

- la loi n°2001-01 du 15 janvier 2001 et le décret n°2001-282 du 12 avril 2001 portant code de

l'environnement ;

- l'arrêté n°007163/PM/DGT du 24 juin 1976 portant règlement intérieur du Parc National du Niokolo-Koba ;

Relevant plus particulièrement des principes et normes posés par les lois et les règlements,

Que l'environnement sénégalais est un **patrimoine national**, partie intégrante du **patrimoine mondial**

(art.1 du code de l'environnement, 2001) ;

Que constituent de plein droit **le domaine national** toutes les terres non classées dans le domaine public

et non immatriculées, que l'Etat détient les terres du domaine national et que les terres de la zone des terroirs sont affectées aux membres des communautés rurales (loi n°64-46 du 17 juin 1964) ; Que l'affectation est personnelle à l'individu ou au groupement bénéficiaire. Elle ne peut faire l'objet **d'aucune transaction** (ni vente ni contrat de louage). Elle est prononcée pour une durée indéterminée. Elle confère à son bénéficiaire un **droit d'usage** sur les terres qui en font l'objet (art.19 du décret n°64-573 du 30 juillet 1964) ;

Que **la communauté rurale** qui est une collectivité locale, personne morale de droit public, dotée de l'autonomie financière, est constituée par un certain nombre de villages appartenant au même terroir unis par une solidarité résultant notamment du voisinage, possédant des intérêts communs et capables ensemble de trouver les ressources nécessaires à leur développement (art.192 de la loi n°96-06 du 22 mars 1996) ;

Que **le conseil rural** est l'organe représentatif des intérêts des habitants du terroir pour tout ce qui

concerne l'utilisation du sol et qu'il gère les terres du domaine national sises dans le périmètre du terroir, sous contrôle *a posteriori* du représentant de l'Etat sur la légalité des actes ainsi que sur le budget (art. 6 du décret n°64-573 du 30 juillet 1964 & loi n°96-06 du 22 mars 1996) ; Que les terres de culture et de défrichement sont affectées par délibération du conseil rural et que l'affectation prend fin, de plein droit, au décès de la personne physique ou à la dissolution de l'association ou de la coopérative affectataire (art.2 & art.5 du décret n°72-1288 du 27 octobre 1972) ;

Que d'après le législateur national si **l'Etat est le garant** de la gestion rationnelle des ressources naturelles

et de l'environnement pour un développement durable, les collectivités locales ont quant à elles le devoir

d'assurer la gestion et de veiller à la protection de ces ressources naturelles (principes du décret n°96

1134 du 27 décembre 1996, art.3) ;

Que les collectivités locales doivent développer une **approche intégrée et participative** sur la base de plans et schémas et fonder leurs interventions sur les **spécificités écogéographiques** de leurs milieux

(principes du décret n°96 1134 du 27 décembre 1996, art.3) ;

Que dans le cadre législatif du transfert de compétences en matière d'environnement et de gestion des ressources naturelles, **la communauté rurale est compétente** pour délibérer notamment sur les matières suivantes (art.195 de la loi n°96-06 du 22 mars 1996 & art.30 de la loi n°96-07 du 22 mars 1996) :

- les modalités d'exercice de tout droit d'usage ;

- l'affectation et la désaffectation des terres du domaine national ;

- la protection de la faune et de la flore ;

- la gestion de sites naturels d'intérêt local ;

- la création de bois et d'aires protégées (dans les zones et sites naturels présentant un intérêt socio-écologique rural, art.44 & 48 D96-1134, création et gestion de réserves protégées, art.50 D96-1134);

- la lutte contre les incendies et la pratique des feux de culture, la constitution et le fonctionnement des

comités de vigilance contre les feux de brousse (art.43 D96-1134);

- les servitudes de passage et la vaine pâture (+ art.17 du décret n°64-573 du 30 juillet 1964 + art.17 du décret n°72-1288 du 27 octobre 1972)) ;

- le régime et les modalités d'accès et d'utilisation des points d'eau de toute nature (notamment aux troupeaux appartenant à des ressortissants d'autres communautés rurales, art.16 du décret n°72-1288 du 27 octobre 1972) ;

- les conditions de transit et de passage des troupeaux appartenant à des ressortissants d'autres communautés rurales (art.16 du décret n°72-1288 du 27 octobre 1972)

- la création, la délimitation et la matérialisation de chemins de bétail ;

- l'organisation de l'exploitation de tous produits végétaux de cueillette et des coupes de bois (autorisation préalable de toute coupe, art.46 D96-1134) ;

- la gestion des forêts sur la base d'un plan d'aménagement ;

- l'élaboration et la mise en oeuvre du plan local d'action pour l'environnement ;

- l'avis d'autorisation de défrichement ;

- l'avis d'autorisation d'amodiation des zones de chasse ;

Que les **droits d'usage sur la forêt du domaine national** accordés par le législateur aux populations riveraines pour des besoins strictement personnels et familiaux sont : le ramassage du bois mort et de la paille, la récolte de fruits, de plantes alimentaires ou médicinales, de gommes, de résines et de miel, le parcours du bétail, l'émondage et l'ébranchage des espèces fourragères, le bois de service destiné à la réparation des habitations ; sans aucun droit de disposer des lieux ; Que ces droits d'usage ne s'appliquent pas aux périmètres de reboisement et de restauration, aux parcs nationaux, aux réserves naturelles intégrales et aux forêts privées (art.L10 & L11 de la loi n°98/03 du 08 janvier 1998) ;

Que **les droits d'exploitation des forêts** et terres à vocation forestières du domaine national **appartiennent à l'Etat** (art.L2 de la loi n°98/03 du 08 janvier 1998) et qu'ainsi l'exploitation nécessite l'obtention d'un **permis d'exploitation** dont la délivrance est subordonnée au versement préalable de taxes et redevances (art.R19 du décret 98-164 du 20 février 1998) ; Que cependant que l'exploitation des produits forestiers des forêts relevant de la compétence de la communauté rurale est assujettie à

l'autorisation préalable du président du conseil rural (art.L4 de la loi n°98/03 du 08 janvier 1998) ;

Que selon le code forestier, la gestion de la forêt est soumise à l'élaboration par la communauté rurale d'un **plan d'aménagement forestier** présentant la forêt en unités de gestion avec le calendrier des coupes et désignant les personnes physiques ou morales adjudicataires des parcelles à exploiter ;

Que pour atteindre les objectifs de gestion rationnelle et de protection des ressources naturelles et de l'environnement, les collectivités locales sont appelées à **susciter la participation de tous les acteurs** (principes du décret n°96-1134 du 27 décembre 1996, art.3) ;

Que les collectivités locales doivent **apporter leur concours** pour la protection de l'environnement et de la faune, ainsi que pour la protection et l'entretien des forêts, des zones et sites naturels **d'intérêt national** (principes du décret n°96 1134 du 27 décembre 1996, art.3) ;

Que les collectivités locales sont tenues de prendre **toutes les mesures appropriées** pour le développement des ressources naturelles, notamment la production de plants, la conservation de l'habitat sauvage, la protection des espèces animales et végétales menacées (art.9 du décret n°96-1134 du 27 décembre 1996) ;

Que le conseil rural peut **émettre des vœux sur toutes mesures réglementaires** qu'il juge utile de voir son président mettre en œuvre et qui sont nécessaires pour l'exploitation des ressources naturelles (art.8 du décret n°64-573 du 30 juillet 1964 & art.200 de la loi n°96-06 du 22 mars 1996) ;

Que les compétences des collectivités locales s'inscrivent dans les **conventions et accords internationaux** ratifiés par l'Etat (art.12 du décret n°96-1134 du 27 décembre 1996) ;

Dans le cadre du droit international,

Vu,

- l'Agenda 21 de la Conférence des Nations Unies sur l'environnement et le développement (Rio, 1992) ;

- la déclaration de Rio sur l'environnement et le développement (juin 1992)

- la Convention sur la diversité biologique, Rio de Janeiro, 3-14 juin 1992

- la stratégie mondiale de la biodiversité (WRI/UICN/PNUE, 1994)

- la Résolution 28 C/2.4 de la Conférence générale de l'UNESCO (novembre 1995) approuvant la stratégie de Séville et adoptant un cadre statutaire du Réseau mondial de réserves de biosphère MAB

Relevant plus particulièrement des déclarations, principes et engagements posés par la communauté internationale,

Que **l'expansion des besoins de l'homme** et de ses activités économiques exerce des pressions toujours croissantes sur les terres, et engendre une concurrence et des conflits qui aboutissent à une utilisation infra-optimale du sol et des terres ; Que pour pouvoir satisfaire ces besoins à l'avenir de manière durable, il faut dès maintenant éliminer ces conflits et progresser vers une exploitation plus efficace et plus rationnelle

de la terre et de ses ressources naturelles... Que l'objectif général est de faciliter l'affectation des terres à

des utilisations offrant les plus grands avantages durables et le passage à une gestion intégrée et durable des terres ; Que ce faisant, il convient de tenir compte des questions écologiques, sociales et économiques ; Qu'il faudrait également tenir compte, entre autres, des zones protégées,... des droits des populations et collectivités autochtones et autres collectivités locales ... (Agenda 21, chapitre 10 relative à la conception intégrée de la planification et de la gestion des terres) ;

Que **le droit au développement** doit être réalisé de façon à satisfaire équitablement les besoins relatifs au développement et à l'environnement des générations présentes et futures (Principe 3 de la Déclaration de Rio sur l'environnement et le développement, juin 1992) ;

Que pour parvenir à un développement durable, **la protection de l'environnement doit faire partie**

intégrante du processus de développement et ne peut être considérée isolément (Principe 4 de la

Déclaration de Rio sur l'environnement et le développement, juin 1992) ;

Que les populations et communautés autochtones et les autres collectivités locales ont **un rôle à jouer dans la gestion de l'environnement et le développement du fait de leurs connaissances du milieu et de leurs pratiques traditionnelles** ; que les Etats devraient reconnaître leur identité, leur culture et leurs intérêts, leur accorder tout l'appui nécessaire et leur permettre de participer efficacement à la réalisation d'un développement durable (Principe 22 de la Déclaration de Rio sur l'environnement et le développement, juin 1992) ;

Qu'un grand nombre de communautés locales et de populations autochtones **dépendent étroitement et traditionnellement des ressources biologiques** sur lesquelles sont fondées leurs traditions et qu'il est souhaitable d'assurer le partage équitable des avantages découlant de l'utilisation des connaissances, innovations et pratiques traditionnelles intéressant la conservation de la diversité biologique et l'utilisation durable de ses éléments (Préambule de la Convention sur la diversité biologique, Rio, 1992) ;

Que chaque partie contractante à la convention sur la diversité biologique, dont le Sénégal, convient, entre autres, de **favoriser la protection des écosystèmes et des habitats naturels, ainsi que le maintien de populations viables d'espèces dans leur milieu naturel**, de promouvoir un développement durable et écologiquement rationnel dans les zones adjacentes aux zones protégées en vue de renforcer la protection de ces dernières (Article 8 de la Convention sur la diversité biologique, Rio, 1992) ;

Que les réserves de biosphère sont établies pour promouvoir une relation équilibrée entre les êtres humains et la biosphère et doivent permettre d'associer pleinement les communautés locales à la conservation et à l'utilisation durable des ressources (Stratégie de Séville et Cadre statutaire du réseau mondial des réserves de biosphère MAB, 1995).

Conscients de :

- la richesse de la diversité culturelle existant au sein de la communauté rurale regroupant plusieurs identités ethniques et religieuses ;

- (du) fait que la communauté rurale de Salémata est géographiquement située en périphérie du Parc National du Niokolo-Koba, classé patrimoine mondial de l'humanité par les Nations unies sous le label de Réserve mondiale de biosphère (MAB, Unesco), la communauté rurale de Salémata a directement un rôle à jouer pour la préservation d'un espace écologique et culturel qui dépasse l'intérêt local pour être national et international ;

- la diversité et parfois la contrariété des activités et des usages en présence et ainsi de la nécessité de créer une convergence d'objectifs entre les différents acteurs de la communauté rurale sur une gestion responsable et à long terme du milieu dans lequel ils vivent ;

- la nécessité de vivre ensemble dans un environnement commun dans le respect des uns et des autres ;

- (du) droit des générations à venir de bénéficier d'un milieu leur permettant de satisfaire leurs besoins de vie et ainsi de devoir agir maintenant dans l'intérêt des générations présente et de celles à venir ;

- (du) besoin de créer un espace de négociation pour permettre de construire une collaboration et de parvenir à un consensus sur l'organisation d'un type de rapport à l'environnement, reposant sur une démarche de protection et de conservation pour un développement durable ;

- l'intérêt pour tous de convenir d'une régulation locale des comportements de chacun et des actions

personnelles ou collectives sur l'environnement, conformément à la législation nationale et aux engagements internationaux, au travers d'un accord commun permettant d'aboutir à une bonne gouvernance du milieu naturel ;

Adoptent la charte locale suivante,

Appelée « convention locale d'environnement de la communauté rurale de Salémata », expression d'un consensus local engageant l'ensemble de la population des quarante-quatre villages de la communauté rurale de Salémata pour une bonne conduite dans leurs rapports entre eux et à leur environnement.

L'objectif de la présente convention est d'assurer une conservation et une utilisation durable de l'environnement et des ressources naturelles des terroirs villageois composant la communauté rurale de Salémata, située en périphérie d'une aire protégée nationale et internationale, dans une perspective de préserver la diversité culturelle et biologique de la zone.

Cette charte locale est un engagement à la fois personnel et commun des habitants entre eux et envers le milieu dans lequel ils vivent pour le temps présent et l'avenir.

Article 1 : De la gestion d'un environnement culturel et écologique

La communauté rurale de Salémata forme une communauté de vie au sein d'un environnement partagé entre activités et groupes ethniques qu'elle s'engage à gérer durablement au nom des générations présentes et futures.

Article 2 : Des droits et des obligations de chacun.

a. Le terroir de la communauté rurale regroupe quarante-quatre terroirs villageois. Il constitue le patrimoine commun de ses habitants, qui lui-même fait partie du patrimoine commun de la nation (selon l'art.16 de la loi 96-07 du 22 mars 1996).

b. A ce titre l'espace est par définition inappropriable (en tant que domaine national) et relève d'une gestion patrimoniale où chacun bénéficie de droits assortis d'obligations vis à vis de la société.

c. Les droits sur les ressources naturelles (la terre, l'eau, les arbres et plantes, les animaux) sont assortis d'obligations :

- **Le droit de passage** consiste à se maintenir dans certaines limites et ne faire que traverser l'espace intéressé sans exercer aucune autre action sur le milieu.

- **Le droit de prélèvement**, de cueillette ou de ramassage consiste à prendre pour son propre usage ou celui de sa famille, sans porter préjudice à la régénération de la ressource et aux intérêts d'autrui.

- **Le droit d'exploitation** concerne le droit de culture, le droit de pâture, le droit de pêche, le droit

de chasse, le droit de coupe et de défrichage, qui dépasse le simple prélèvement et susceptible de donner lieu à une commercialisation des produits obtenus. L'importance de l'action sur la nature par l'agriculture, l'élevage, la pêche et la chasse non-viatique (professionnelle) et toute activité forestière commerciale, nécessite l'obligation de prendre toutes les mesures conservatoires de protection du sol, de la faune et la flore et de gestion durable du milieu et des ressources naturelles pour le court et moyen terme.

- **Le droit d'exclusion**, consiste à autoriser l'exploitation des ressources naturelles (la terre, la faune, la flore, l'eau) ou à la refuser à autrui. L'obligation est là de deux ordres : 1. prendre toutes les mesures conservatoires de protection du sol et de gestion durable du milieu (lutte anti-érosive, reboisement, arborisation, amendement du sol, défrichage limité aux besoins et sur des zones écologiquement adaptées, interdiction de tuer ou couper certaines espèces, etc.) pour le long terme et contrôler le mode d'exploitation s'il est conforme à une utilisation durable du milieu ; 2. réaliser les projets et investissements nécessaires pour optimiser l'exploitation et conserver la capacité de régénération du milieu, tout en maintenant la diversité biologique du terroir de la communauté rurale.

- **Le droit de gestion d'un développement durable** consiste à orienter le comportement des individus et groupes présents localement dans deux sens : celui d'un dynamisme économique conduisant à

la sécurité alimentaire et au développement économique, et celui d'une préservation de la capacité de régénération du milieu et de la conservation de la biodiversité.

d. Le droit de passage est libre sous réserve de ne causer aucun préjudice sur les productions d'autrui. Le droit de prélèvement est libre dans la mesure où il s'effectue sur des zones non exclusives

(hors aire protégée, hors zone d'exploitation privée). Le droit d'exploitation est conditionné par un contrôle et/ou une autorisation de la communauté rurale ou des services de l'Etat ; il est ainsi assorti du droit

d'exclusion. Le conseil rural dispose du droit de gestion durable. A ce titre il gère à son niveau l'affectation des terres, les défrichements (pour avis au conseil régional), les comportements vis à vis du milieu, et est chargé de mettre en oeuvre une planification locale de l'environnement.

Article 3 : De la protection des arbres, de la for·t et des haies

L'intérêt écologique et la qualité paysagère du terroir de la communauté rurale de Salémata dépendent particulièrement de la conservation de son couvert arboré, permettant entre autres de lutter contre l'érosion et de préserver la biodiversité.

La coupe d'arbres et le défrichage d'un espace ne peuvent ainsi se faire librement et doivent êtres autorisés suite à la visite sur place d'une commission chargée d'apprécier les lieux et l'importance de la coupe, aux regards de considérations écologiques (nature du sol, des espèces végétales et du biotope), de l'intérêt pratique et sur les capacités de mise en culture effective de l'unité d'exploitation concernée.

Ne peuvent faire l'objet de défrichements ou de coupes les espaces situés de part et d'autre des

parcours de bétail et des cours d'eau sur une largeur minimale de trente mètres.

La récolte du vin de palme (tiré du palmier à huile, *Elaeis guineensis*) et de rônier (tiré du rônier, *Borassus aethiopum*) ne peut s'effectuer que dans la mesure où les prélèvements ne portent pas atteinte à la croissance et à la vie de l'arbre. Ces espèces sont intégralement protégées.

Les haies d'arbres ou d'arbustes sont protégées dans tout l'espace du terroir de la communauté rurale.

Toute coupe non autorisée par le conseil rural est soumise à une obligation de remise en état (replantation) aux frais de l'intéressé.

Article 4 : <u>Des aires protégées</u>

Le lieu dit « montagne de Paté/Tchukan » est intégralement protégé de toute activité péjorative. Seuls sont autorisés un droit de passage et un droit de prélèvement (excluant toute pratique de chasse), réservé aux habitants des villages voisins de ladite montagne.

Les populations de singes « chimpanzés » qui y résident sont intégralement protégées.

Les villages situés autour de la montagne Paté/Tchukan sont chargés de sa surveillance au nom de la communauté rurale. Les chefs de village disposent du droit d'exclusion sur cette aire protégée.

Les espaces sacrés situés dans les terroirs villageois (bosquets, collines) constituent des aires protégées religieuses. Chaque village en assure la surveillance et dispose d'un droit d'exclusion.

Article 5 : <u>Des feux de brousse</u>

Les feux de brousse autorisés sont ceux qui sont précoces (qui ont lieu après l'hivernage, de novembre au 31 décembre) et surveillés. Leur utilité réside dans la suppression de la paille sèche susceptible de prendre feu pendant la saison sèche.

Les incendies de brousse allumés pour d'autres raisons entre autres de chasse ou de récolte de miel sont interdits.

Article 6 : <u>De la récolte du miel</u>

L'extraction du miel sauvage ou d'élevage doit s'effectuer sans porter préjudice à la survie de l'essaim et sans provoquer un incendie de brousse.

L'abeille et l'essaim sont protégés au sein de la communauté rurale.

Article 7 : <u>De la répartition de l'espace entre culture et pâture</u>

Les animaux élevés (boeufs, chèvres, moutons,...) doivent être strictement surveillés pendant toute la saison de culture et tenue à l'écart des espaces cultivés.

La communauté rurale organise une répartition des espaces entre la culture et la pâture dans les objectifs : a) d'éviter les dégâts de culture occasionnés par les animaux ; b) afin de maintenir des zones pastorales en réponse aux besoins locaux.

Les conflits de dégâts de champs par les animaux font d'abord l'objet d'une tentative de règlement à l'amiable par le conseil de village (chef de village et notables). En cas de désaccord persistant, un agent d'agriculture du CERP (Centre d'Expansion Rural Polyvalent) est saisi pour constater les dégâts ainsi que

la gendarmerie qui dresse un PV pour renvoyer l'affaire devant le tribunal départemental de Kédougou.

Article 8 : De l'affectation des terres du domaine national

L'ensemble de la population de la communauté rurale est responsable de la bonne gestion des terres et des ressources renouvelables qu'elles supportent.

La commission domaniale de la communauté rurale, composée de conseillers ruraux et du chef de village du terroir intéressé assisté d'un représentant des jeunes du village, effectue la répartition des espaces entre la culture, la pâture et la conservation de sites.

L'affectation des terres du domaine national est assortie d'une sensibilisation et d'un engagement écologique de l'affectataire (individu ou groupe) de l'espace mis en culture ou réservé au pâturage.

Article 9 : Du Parc National du Niokolo-Koba, Réserve mondiale de biosphère

Située en périphérie immédiate du Parc National du Niokolo-Koba, le terroir de la communauté rurale de Salémata constitue par sa proximité géographique un prolongement socioculturel et écologique dudit Parc. La communauté rurale reconnaît ainsi la nécessité de contribuer à la préservation de ce patrimoine naturel dans un intérêt à la fois local, national et international.

Conscient de sa responsabilité environnementale, la population de la communauté rurale s'engage à devenir un partenaire du Parc, notamment dans la lutte contre le braconnage dans le Parc, et dans une gestion durable de l'environnement périphérique au Parc.

La communauté rurale souhaite la mise en place d'une collaboration avec le Parc dans le but de prolonger les effets de la conservation au sein des terroirs villageois et dans le but de s'impliquer plutôt que de s'exclure des objectifs de protection du Parc.

Article 10 : De la communication au sein de la communauté rurale

Les cinq chefferies des villages suivants constituent des centres de rencontres, de réunions et d'échanges d'informations au sein de la communauté rurale : Oubadji Centre (Madina Boïny), Ebarack, Ethiolo, Missirah Bakaouka, Salémata.

Article 11 : Les engagements pris par les représentants de la population de la communauté rurale de Salémata, constitutifs de la présente convention, tiennent lieu de loi à tous les habitants de la communauté rurale. Salémata, le......

TABLE DES MATIERES

www.ingramcontent.com/pod-product-compliance
Lightning Source LLC
Chambersburg PA
CBHW021608210326
41599CB00010B/659